考える江戸の人々

自立する生き方をさぐる

柴田純

吉川弘文館

目次

〝人を救うのは人だけだ〟

阪神・淡路大震災

一九九五年（平成七）一月十七日の明け方に発生した阪神・淡路大震災では、琵琶湖《びわこ》の西、大津市にあるわが家でも相当な揺れがあった。揺れがおさまった直後に子供部屋へいくと、小学一年の娘がベッドの上でピョンピョン飛びはね、〝これは何だ、これは何だ〟と叫んでいた。その様子は今も鮮明に残っている。

大震災の直後から、〝人を救うのは人だけだ〟というフレーズをテレビなどでくり返し見かけるようになった。この言葉に接した人々は、この表現に疑問を抱くことはなかったのだろう。震災後、実に多くの人々がボランティア活動のために被災地域に入っていった。そして、この震災以降、たびたび起こる自然災害時に、毎回多くの人々がボランティア活動に参加するようになり、現在にいたっている。

では、右のフレーズは、一体いつ頃から当たり前のこととして認識されるようになったのだろう。当時、「近世的思想の形成」（『岩波講座日本文学史　第七巻』岩波書店、一九九六年）という論文を執筆中だった私はそう考えるようになった。

その結果、右のような感覚が成立してくるのは、十六世紀から十七世紀にかけて、いわゆる中世末の戦国時代が終わり、江戸時代の〝平和〟が実現された頃からであろうと考えるようになった。

日本の中世社会では、神仏（自然や天などの超越的な力）がこの世界を支配していたため、たとえ人が英雄的な行為を行っても、その行為は人の功績ではなく、神仏の加護にすぎないと認識されていた。だから中世には、英雄物語が生まれなかったのだ。そして人々は神仏に祈り、その力に依存しながら、社会の秩序維持をはかっていたのである。

そのため、自然災害などにより飢饉《ききん》が起こっても、神仏に祈るのみで、現実的な方策を講じることはほとんどなかった。蒙古《もうこ》襲来のような対外的危機にあたっても、九州で一応の防衛線が張られはしたが、鎌倉幕府も朝廷もこぞって、寺社に調伏《ちょうぶく》の祈禱を要請し、自分たちもそこで祈りつづけていた。当時、異国との戦いは、現実の人と人との戦いだけではなく、神仏同士の戦いだと認識されていたため、自国の神仏が異国の神仏を打ち破れば、現実の戦いでも勝利する、と考えられていた。こうした社会では、〝人を救うのは人だけだ〟という認識は生まれるはずがなかったのである。

ところが、応仁《おうにん》・文明《ぶんめい》の乱以後、戦乱が打ちつづき治安が悪化するなかで、社会が混乱を増してくると、神仏の権威に懐疑心が生まれるようになっていく。やがて、織田信長《おだのぶなが》や豊臣秀吉《とよとみひでよし》、徳川家康《とくがわいえやす》が登場し、戦国の争乱が克服されて、一定の〝平和〟が実現されると、今までに比べて、人間的力への信頼が格段に高まってきた。十六〜十七世紀とは、そうした大きな社会変動の時代であった。

右のような社会変動のなかから、神仏に祈り頼るだけでなく、人自身の力で差し迫った問題を解決していこうとする考え方が生まれ、次第に拡大していったのだろう、と考えるようになった。「近世的思想の形成」は、右のようなことを念頭において執筆したが、短い論文でもあり、多くの問題を残したままになった。本書はそうした事情をふまえ、これまで書いてきた文章を下書きにして、できるだけ平易な文章を心がけてまとめたものである。まずは、十六〜十七世紀の社会変動とはいかなるものであったのか、政治や経済、あるいは景観的な視角から、問題の所在を考えていこう。

政治的変動

最初に、政治的変化について。十六世紀が戦国争乱の時代であったことは、多くの人が知っているだろう。しかし、その争乱の内実は、戦国武将たちの「領土拡張戦争」だけでなく、「食うための戦争」という、もう一つの側面を持っていた。藤木久志は『雑兵たちの戦場』（朝日新聞社、一九九五年）で、その実態を次のように描いた。すなわち、「食うための戦争」とは、戦場で勝利した側が、その地で「濫妨狼藉《らんぼうろうぜき》」を働くこと、つまり、敗者のもとにあった村々から、家財・米穀のほか男女子どもまでを略奪（乱取《らんどり》）することであった。略奪した男女子どもは、戦勝者の国で酷使され、多くは売買された。こうした生け捕りのほか、戦場の町や村は放火され、田畑の作物は荒らされるなど、悲惨な戦禍を受けたのである。こう指摘したうえで、藤木は次のようにいっている。

この二十世紀まで、ほぼ半世紀も続いた日本の平和と飽食。その幸せ色に染まって、私たちは、つい海の彼方に広がる戦争と飢餓の現実を忘れ、「戦争と飢餓の時代」とさえいわれる日本の中世までも、わけもなく安穏無事な世の中と思い込んできた。その結果、日本中世の戦争と飢餓をあわせて見すえる作業には、まだほとんど手が付けられていない。

戦国時代は、ただ単に戦乱が打ちつづいたというだけでなく、そのもとで多くの一般人が悲惨な状況下におかれていたのである。

こうした状況は、信長・秀吉・家康によって実現された統一政権の手で終結し、人身売買が禁止されるなどの施策で克服され、一定の〝平和〟がもたらされた。この〝平和〟の実現は、十六世紀末から十七世紀にかけて、さまざまな分野で大きな社会的変動があったことによっている。

中世末期には、戦国大名はみずからの生き残りをかけて、防衛の拠点としての城郭普請《ふしん》を積極的に行う一方、急速に向上した土木技術や測量術を、富国のために積極的に活用し、鉱山開発や治水灌漑《かんがい》工事を進めていった。その結果、十六世紀末から十七世紀にかけて、それまでは湿地帯で水田に利用できなかった大河川流域の平野地帯が、大規模な水田に生まれ変わっていった。かくして、耕地は十七世紀末には一・五倍に増加し、それに伴って、人口は二〜二・五倍に急増したのである。

また秀吉が行った、全国の土地を丈量し、その土地の保有者を現実の耕作者と認定した、いわゆる太閤検地《たいこうけんち》が農業生産に大きな影響を与えた。それまで地主に隷属していた下人《げにん》・所従《しょじゅう》といわれる小作人《こさくにん》が、一人前の小農民《しょうのうみん》へと上昇していき、そうした小農民経営に適応した農具の技術改良が進められていった。その結果、耕作地の保有を認められた小農民は、村内に開校した寺子屋《てらこや》で、読み書きや計算能力を獲得し、農書を読み農業技術の獲得に励むなどして、農業に主体的に取り組むようになっていったのである。

こうして、耕地の飛躍的な増大と、農業に励む農民の増加によって、農業生産力は著しく向上した。その結果、中世社会では、飢饉が日常的な出来事として人々を圧倒していたが、近世では、非日常的な災害となったのである。

契約的分業体制

近世においても、たとえば享保《きょうほう》・天明《てんめい》・天保《てんぽう》の三大飢饉があって、その他にもたびたび飢饉が起こり、各地で多くの死者があった。特に東北地方での飢饉は、諸記録にみられるように悲惨であった。しかし、近世になって特に飢饉が喧伝されたのは、非日常的なあってはならないことと意識されていたからで、飢饉を招いた領主は厳しく断罪されたのだ。

飢饉が近世になって多くの記録に残されたのは、それが領主の責任問題として政治的な問題となったからなのであった。これに対して中世では、飢饉は日常的に頻発していたため、それが問題化して、政権担当者の責任問題になることはほとんどなかったのである。

生産力の増大は、近世になって人口の急増をもたらすとともに、社会の新しい枠組みを形成させることになった。兵農分離といわれるものである。すなわち、武士が城下町に集住させられ、吏僚《りりょう》として生産活動から離れ、消費階級を形成しえた背景には、この時期の生産力水準の著しい向上があったのである。

こうして領主は、政治の担当者として、「飢《う》えず寒《こご》えざる」状況を実現することが、その任務であり責任とされ、領主であるための不可欠な条件とされた。右の任務は、上から課せられたというだけではなく、民衆もまた領主にその実現を求めた。たとえば、中世後期の村や町は、戦場になった場合、「濫妨狼藉」からみずからの力で生命財産を守るため、敵軍に大金を払って安全を買い、みずからも普段から武装するなどした。自力救済といわれる対抗策をとっていたのだ。

しかし、近世になると、領主に治安維持を任せるかわりに、領主への年貢納入を村が請け負い、領主がその任務を果たしていないと判断したときには、一揆《いっき》や強訴《ごうそ》などの手段に訴え、その実現を要求した。そこには、領主と民衆の間に、いわば契約的分業体制が成立していたといえるのである。

経済的変動

経済活動ではどうだろうか。十六世紀末から十七世紀にかけて、日本列島で鉱山開発が活発化し、金や銀が大量に生産され、銀は当時、世界最大の輸出を誇っていた。ここでは鉄の生産と流通に関わって、藤井《ふじい》譲治《じょうじ》の主張をみていく（「一六・一七世紀の生産・技術革命」『日本史講座5　近世の形成』東京大学出版会、二〇〇四年）。

中世の鉄流通は、「一度の輸送で多くて二〇駄（一駄は馬一頭分の積載量）を越えるものはみられず、また流通を担ったのは商人・職人」であったが、豊臣政権以降には急増し、一度に何千駄もの流通がみられるようになった。かくて鉄は「一般商品として、かつ相場が立つほどに大量に流通しており、鉄が市場性をもつ」ようになった。こうした事実から、「中世末期から近世初頭の間に鉄の大増産」があって、近世初期には、「近世中期の流通量がすでに市場に存在」するまでになったという。

右のような鉄の生産と流通量の増大は、一つは、「原料鉄の採集方法の革新、鉄穴《かんな》掘りから鉄穴流しへの変化」であり、もう一つは、「製鉄技術」にみられたという。こうした技術革新は、基本的に鉄需要の拡大に支えられていた。すなわち、鉄砲の普及であり、大型船舶の建造、城下町の建設ラッシュに基づく釘・かすがいなどの需要である。また、のちに農具として広く流通する鋤《すき》や鍬《くわ》は、「近世初期には城普請などの道具として大きな領主的需要」があったという。

鉄の流通は、中世から近世への移行期に飛躍的に増加したことがわかるが、こうした変化は鉄だけが特別であったわけではない。たとえば、米や木綿、煙草《たばこ》、菜種など、さまざまな作物が、この時期以降、商品作物としてさかんに栽培された。かくして、大坂・京都・江戸の三都を軸に、各地の城下町や港町、門前町などが市場化の結節点となって、全国的な物流網が整備されていった。五街道や脇街道などの陸上交通、東廻り・西廻りの海上交通、さらには河川を利用した水上交通が、右の物流網の整備をいっそう促進していったのである。

日本列島の大改造

十六〜十七世紀にかけては、日本列島が大改造された時代でもあった。すでにふれたが、中世は、まだ治水灌漑技術の水準が低く、大河川流域の平野部は、湿地帯のままで耕地として活用することはできず、山間から平野地帯に移る谷地《やち》（棚田《たなだ》）と呼ばれる地域しか活用できていなかった。現在は都市化で少なくなったが、大阪平野や濃尾《のうび》平野などは、近世になって新しい治水灌漑技術が駆使され、大規模な水田地帯と化していった。当時の人々にとって、平野地帯の水田化は、目に見える形での景観の変化であった。

さらに、中世までは、人口一万人以上の都市は京都くらいであったが、近世になると、大坂・京都・江戸は数十万の人口を抱え、城下町も数万人規模のものが各地に成立した。こうして、都市に住む町民が一つの階層として重要性を増していった。都市は、絶えず他国・他地域からの来住者を抱え込み、住民構成を変化させる場でもあった。労働を媒介にして、自然と人の一体感が強い村々に比べ、自然が生活環境や消費の対象として意識されることが多く、自然は人にとって外在的なものになりやすかった（倉地克直「自然と人間からだとこころ」『日本の近世』一六、中央公論社、一九九四年）。ましてや、商品貨幣経済が発達してくると、人間的世界でのみ通用する貨幣の流通のなかで、貨幣の質や量で物事を判断する、ある種の合理的精神が町民に培われていくことになった。三都や城下町の建設は、当時の人々に視覚的な景観の変容を印象づけもしたであろう。

日本列島の大改造は、都市と農村を問わず、至る所で実施されていったが、その過程で、近世の領主は、行政権力として登場することを余儀なくされた。横田冬彦は、秀吉の京都改造にふれ、洛中を土塁《どるい》で囲った御土居《おどい》の構築が、水害防止の意図や都市衛生の視点から実行され、都市空間の質の向上に寄与したとする。そのうえで、それまでの「個別町自治の狭隘性《きょうあいせい》を越えた、都市全体に対する都市行政の成立」を指摘した（「城郭と権威」『岩波講座日本通史　第十一巻　近世一』岩波書店、一九九三年）。また水本邦彦は、古代以来の伝統的村落地域と、近世的技術を駆使した近世に成立する新田開発地域の両者で、近世になって大改造が行われ、新しい近世的景観が成立するとともに、領主権力による広域的行政が必然化したという（「近世の景観」『岩波講座日本通史　第十二巻　近世二』岩波書店、一九九四年）。

十六〜十七世紀は、日本列島が改造されただけではなかった。この時期に日本列島にやってきたポルトガル、スペイン、イギリス、オランダといった西欧の人々は、世界図を日本列島にもたらした。こうして、世界は天竺《てんじく》・中国・日本の三国で基本的に成り立つとする中世までの三国観が、目に見える形で否定されることとなった。また、秀吉による朝鮮侵略は、事の当否は別にして、一五万を超える日本人が朝鮮半島に渡ったという事実により、日本列島に住む人々の地理認識に大きな転換をもたらすことになった。

こうした事実は、「戦争と飢饉」の中世から〝平和〟な近世へという政治的変革や、物流の大規模な激変といった経済的変革とともに、当時の人々のものの見方や考え方を大きく変容させていったのである。

歴史家の見方

右でみてきたような、十六〜十七世紀にかけて日本列島上で起こった大きな社会変動について、これまでの歴史家はどのようにみてきたのだろうか。

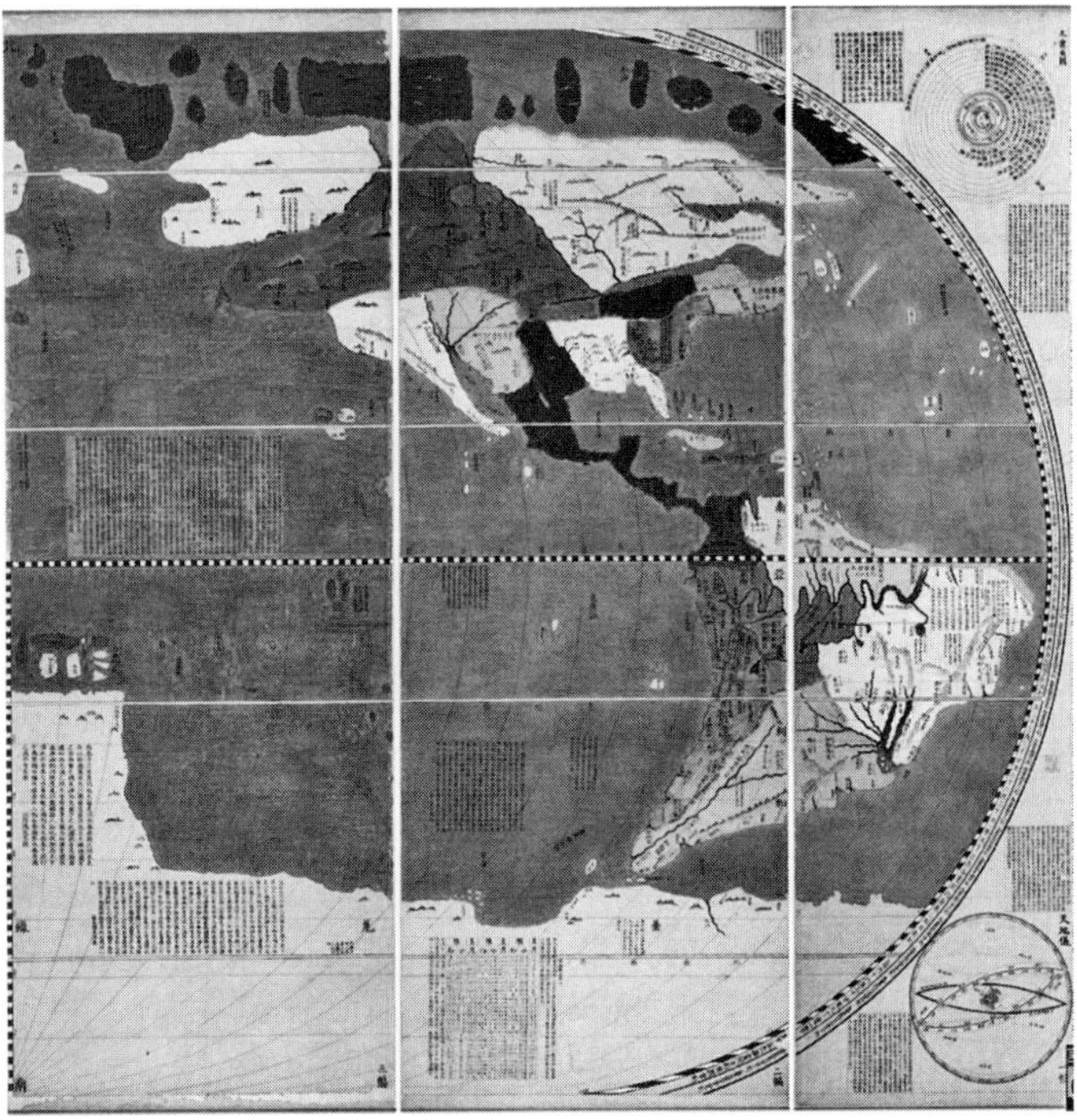

（写本着色，部分，宮城県図書館蔵）

戦前の歴史家内藤湖南《ないとうこなん》は、一九二一年の講演「応仁の乱に就《つい》て」（『日本文化史研究』弘文堂書房、一九二四年）で次のように語っている。

大体今日の日本を知る為に日本の歴史を研究するには、古代の歴史を研究する必要は殆どありませぬ。応仁の乱以後の歴史を知って居ったら、それで沢山です。それ以前の事は外国の

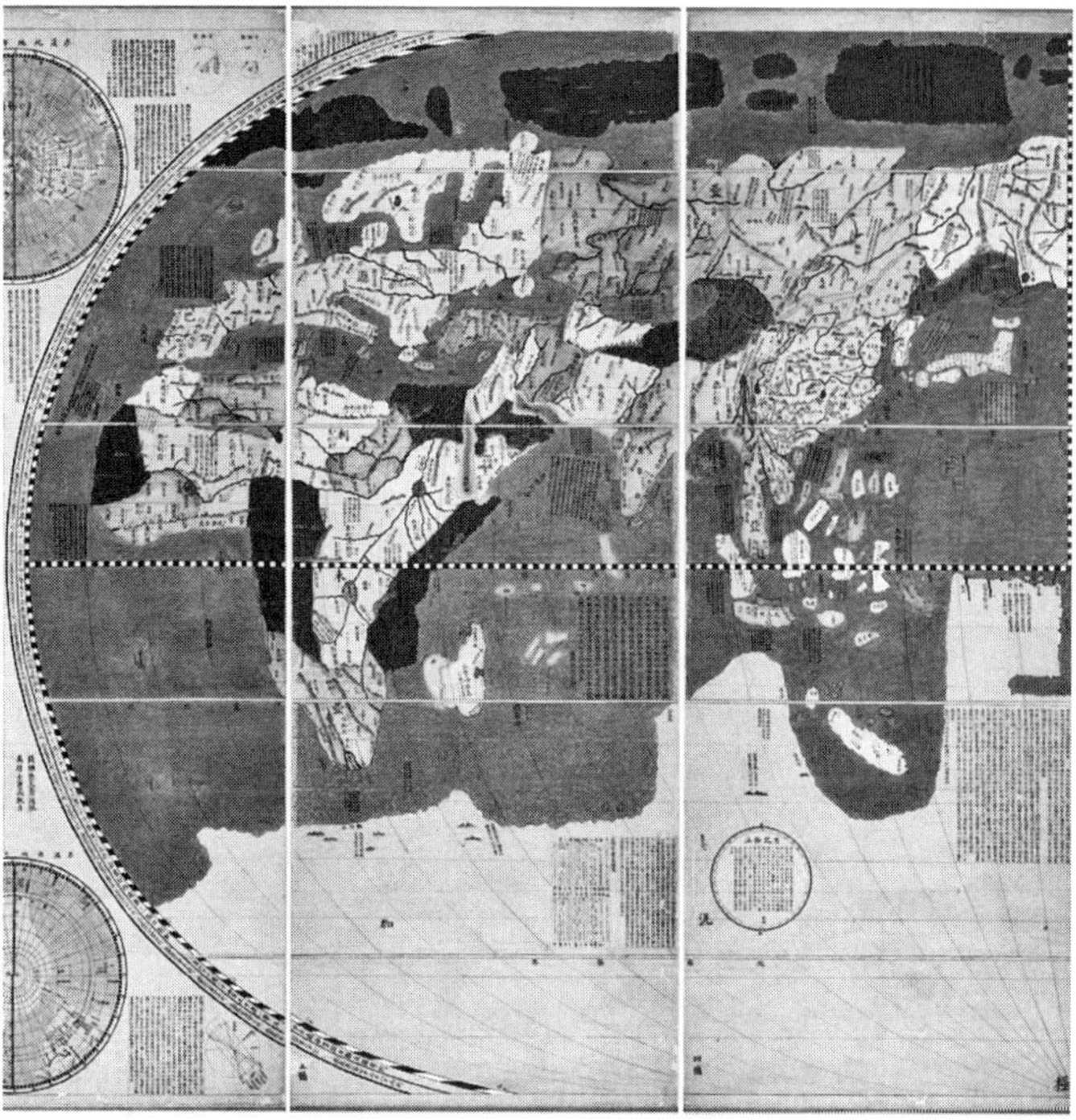

図1　坤輿万国全図

歴史と同じ位にしか感じられませぬ。

内藤湖南は、このように「応仁の乱」の以前と以後をわけ、以前は「外国の歴史」とほとんど同じだといっている。なぜそのように主張したのだろうか。著名な二人の中世史家は、この時期に関して次のように主張している。

勝俣鎮夫《かつまたしずお》は、戦国時代は、「民衆が歴史を動かす主体勢力として」登場し、「原始社会以来の自然のなかの、自然に支配された、いわば『野生の時代』から、人間の生活、人間社会をしだいに分離独立させつつあった、いわば文明の時代へ離陸する第一歩となった時代」だとする（「十五～十六世紀の日本」『岩波講座日本通史　第十巻　中世四』岩波書店、一九九四年）。この場合の文明は、直立歩行や火、文字の使用といった指標とは無関係であり、政治的・経済的・社会的・文化的なあらゆる分野で、近代社会に通じる新しい側面が現れて成立した「国民国家的」文明をさす。

また黒田日出男《くろだひでお》は、文化史の立場から、「日本文化の展開を、古代末期から近世までの文化を見渡して総体的に把握してみると、ほぼ一三世紀後半頃から始まる社会と文化の一大変化に着目せざるを得ない。がしかし、それはあくまで変貌の開始期であって、日本文化の切れ目となる巨大な過度的時代となったのは、明らかに戦国期であった。そこに、民衆文化と呼ばれるにふさわしい文化の諸特徴も胚胎してきたのである」という（「戦国期の民衆文化」『岩波講座日本通史　第十巻　中世四』）。ここでの指標は、戦国時代以後、文化が民衆を基調とするようになったことである。右のような中世史家の指摘は、近世史家の提言と一致している（朝尾直弘「近世とはなにか」『日本の近世』一、中央公論社、一九九一年。尾藤正英『江戸時代とはなにか』岩波書店、一九九二年）。

右の事例からわかるように、これまでの歴史家は、戦国時代から江戸時代初期にかけて、日本史上に一大転換期があったと指摘していた。こうした指摘は、すでに述べたこの時代の大きな社会変動をさしている。本書の課題の一つは、この時期に人々の心の深部で何が起こりつつあったのかを明らかにすることである。

戦国期をこうした大転換期とみるとき想起されるのは、近世を「平民文学」の時代とした津田左右吉《つだそうきち》が、その前提として、「戦国的精神」について語っていることである（『文学に現われたる我が国民思想の研究―武士文学の時代―』岩波書店、一九一六年）。しかし、そこで語られた戦国期の特色は、割拠《かっきょ》主義、武士本位主義、不断の動揺の三つの精神であり、いわば現象的なものを取りあげたのであって、そうした諸特色を生起させる原動力が何であったのかはふれられていない。だが、近世に登場してくる新しいものの見方や考え方が、「戦国的精神」のうちから成立してくるとするなら、その原動力がいかなる事態をさしているのか、それを明らかにすることが求められるべきだろう。それは一言でいえば、自然と人との関係変化である。

自然と人

自然と人の関係は、基本的には、人間的営為のたまものである生産力の発展のなかで、人が自然に対する抵抗力を着実に増大させることで変化してくる。そして、生産力がある水準に到達したとき、人は自然から相対的に独立した人間社会の存在を自覚する。自然―社会―人の関係のなかで、人は己自身を見つめなおすにいたる。それは、人間的世界の自覚、あるいは人知への信頼といってもよい。この段階にいたって、社会の発見は同時に政治の発見を結果させる。政治の担当者（領主）が民衆を発見し、民衆の心の支配を念頭に入れ始めるといってもよい。政治担当者が自己の政治的責任を自覚し、民衆との間に一定の契約的分業体制が成立したのがそれである。

他方、その過程で、人は社会的存在であることを自覚しつつ、人と社会との矛盾や葛藤をも自覚するようになる。近世初頭の啓蒙的な仮名草子《かなぞうし》にはじまり、元禄《げんろく》期に井原西鶴《いはらさいかく》や近松門左衛門《ちかまつもんざえもん》らの文学が生まれてくるのは、そうした事情が背景にあるといってよい。日本列島の十六、十七世紀は、中世社会の宗教的なものの見方や考え方が、世俗的なそれへと転換していくといってもよい。では、人間的世界の自覚とはどういうことなのだろうか。

神仏から人へ

中世は、津田左右吉が「人間の万事は実は人間のしたことで無く、すべてが不可思議力のはたらきである」（前掲）と述べたように、神仏が支配した世界であった。すべてが神仏の霊力に解消されてしまったため、人の主体的営為を積極的に評価することができず、その結果、現実をどう生きるのかといったことが問題にされることは少なかった。

ところが、戦国期になると、「来迎《らいごう》の阿弥陀《あみだ》は雲を踏みはずし」とか、「彩色の仏の箔はみなはげて」（『犬筑波集《いぬつくばしゅう》』）といわれるように、神仏を滑稽化《こっけいか》する風潮が生まれてきた。また近世に入ると、万事金次第といった風潮が一般化する。『慶長見聞集《けいちょうけんぶんしゅう》』にみえる、「民百姓までも金銀をとりあつかう事、有がたき御時代なり。（中略）誠に今が弥勒《みろく》の世であるだろうか」の言葉は、諸国から産出する豊富な金銀が、民百姓までも潤沢にしていた有様を生き生きと伝えている。

そうした状況のなかで、都市商人の間では、致富《ちふ》が積極的に肯定されてくる。博多の豪商島井宗室《しまいそうしつ》は、家訓『生中心得身持可致分別事』のなかで、「商人は儲《もう》けずに、袋に入れたままでは、たちまち無になってしまう」と述べ、商人にとって営利の追求が第一だとするとともに、「いずれの道でも、自分から辛労しなければ、所帯はなるまい」とも述べ、営利の追求が、日々努力する主体的営為によって実現されると主張する。こうした商人の致富の肯定に関して、もう少し詳しく考えてみよう。

寛永《かんえい》四年（一六二七）に刊行された『長者教《ちょうじゃきょう》』は、原本が近世の極初期に成立し、その後正徳《しようとく》年間（一七一一〜一五）まで約一〇〇年の間、間断なく刊行されつづけた町人の致富と倹約を説いた仮名草子である（中村幸彦『日本思想大系第五九巻　近世町人思想』の解説、岩波書店、一九七五年）。ちなみに、川越の商人榎本弥左衛門《えのもとやざえもん》（一六二五〜八六）は、一四歳で嫁入りする娘のお竹に、『長者教』のほか六冊の本を持参させ、これらの本を日々読めば、「上気がしずまり、心が落ち着き、病が出ることがない」と説いている（『榎本弥左衛門覚書』東洋文庫、平凡社、二〇〇一年）。同書が当時の商人にとって身近な書物であったことがわかる。

では町人は、『長者教』でどうあるべきだと描かれていたのだろうか。同書では、致富を否定する貧乏神の、「はかない事を知って、人には情けをかけ、人の物をむさぼらず、合いあいとするのが、貧乏であっても、有徳の人といえるのだ」という主張を退け、「有徳の人は、さぞ遊山《ゆさん》、面白きことばかりできるだろう。何につけても、金がほしい」と、致富が積極的に肯定される。そして、致富にいたる方法として、当時の京都の三長者、かまだや、那波屋《なばや》、泉屋の「天然の弥勒《みろく》もなし、自然の釈迦《しやか》もなし。また覚了の御仏はあれども、最初無教の仏はなし」という言葉があげられ、絶えざる致富への努力、つまり、人の主体的営為こそが大切だと主張するのである。

そのうえで、那波屋をして、「ただ一銭ずつ、自然に始末して、儲けたる人は、行末《ゆくすえ》ともに、よきものなり」と語らせ、泉屋には、「人はただ才覚・始末して、業《なりわい》もっぱらなり」と、才覚と倹約の重要性を語らせる。こうした意識の背景には、「何事も、目に見る事を、本当とせよ。聞きぬる事は、変わるものなり」とあるごとく、目にみえるものこそが確実なのだとする、実なるものへの確信があった。だからこそ、「とかく銀を持たねば、人間の数ならず。浅ましき次第なり」といい、人が人としてあるためには、金こそが大切なのだと主張する。さらにまた、「祈っても、果報はさらに、なきものを、我が分別を、常にたしなめ」と畳み掛ける。神仏に祈っても果報はないのだから、それより、自分の才覚や分別を常に鍛えよ、と強調したのである。

近世初頭には、才覚や倹約が町人に求められていたことが知られるが、では、この時期の大名は、こうした社会状況のなかで、どのようなものの見方や考え方をしていたのだろうか。次にみていこう。

鍋島直茂の教訓

九州佐賀藩の鍋島直茂《なべしまなおしげ》（一五三八〜一六一八）は、嫡子勝茂《かつしげ》（一五八〇〜一六五七）に対して、次のような教訓を与えた（「直茂公御咄之趣、勝茂公御書取ニて、光茂公江被進候御教訓之写」近藤

斉『近世以降武家家訓の研究』風間書房、一九七五年）。

（直茂が）国家長久の根本は、家中に立派な人が登場するように心がけることが大切だ。何であっても自分が好むことは、自分の限界より勝れたものを求め出すものだから、人を好むようにすれば立派な人物を見つけだせる、と申された。

（勝茂が）家中に立派な人が出てくるように、仏神に祈願をかけようと思う、と自分の考えているとおりを言うと、（直茂がまた）仏神に願うことは、問題によってである。人力の及ばないことを祈るものだ。人は人が作るものだから、お前の心がけ次第で、どのようにでも立派な人物は生まれてくるはずだ、と申された。

前半は、直茂の教訓の本文、後半の一字下げの部分は、直茂と勝茂の質疑応答である。まず直茂は、国家長久のためには賢臣の登用が必要だと述べている。これに勝茂は、仏神に祈願して実現したいと答えた。だが直茂は、仏神に願うのは、問題によるという。すなわち、人力の及ばないことは仏神に祈ったらよい。しかし、賢臣の選出・登用という問題は、人の力で解決できるのだから、勝茂の心がけ次第で実現可能だと主張しているのである。すなわち、直茂が、政治とは仏神の加護を期待するのではなく、人知によって克服すべき問題なのだという自覚を持っていたことがわかるのである。

池田光政の決意

同様の視点を持った大名として、岡山藩の藩主池田光政《いけだみつまさ》（一六〇九～八二）を取りあげてみよう。光政は、承応《じょうおう》三年（一六五四）に岡山を襲った旱害《かんがい》と大洪水に際して、次のように宣言している（『池田光政日記』）。

当年の旱害と洪水は、自分一代の大難である。この事態を自分なりに考えてみるに、（天の時）、つまり自然のめぐり合せで起こったのであれば、自分がちょうどその時に藩主として国を預かっているのだから、藩主の任務である人民を救うことに全力を尽そう。また、自分の政治が悪逆のために起こったのであれば、天が民を亡ぼすことをするはずがないので、天の御戒め（天譴説《てんけんせつ》）と考えれば、自分にとってありがたいことである。いずれであっても、自分は今までの政治を改めたいと思う。

自然災害を恐るべきこととして、そこに天意をみるのではなく、人知によって克服されるべき問題なのだと、とらえていることがわかる。中世の社会が、こうした自然災害に対して、ほとんど神仏への祈願でしか対応できていなかったことに比べ、鋭い対比を認めることができよう。つまり、政治が人間的世界の問題だと自覚されるようになったのだ。

光政は、右のような自覚のもと、現実に領民救助のためのさまざまな復興策を実行していった。だがそうした復興策に対して、家臣の間から、農民ばかりを大切にすると批判が広がる。光政はそれに対し、「民は餓死するとも、まず士《さむらい》さえよければと考える者は、何とも浅ましい限りだ。士の本意からいっても、民を豊かにすることにあるのは、必然である」と反論し、「百姓成立《なりたち》」が政治の根本だと説き伏せた。光政は、儒学を学び、治者としての責任意識を自覚していたのである。近世とはまさに人知への信頼が生まれた時代だったのだ。

第一章では、こうした新しい時代感覚のなかで、近世初頭の大名は、どのようなものの見方、考え方をふまえて、治者としての任務を果たそうとしていたかを探っていこう。すぐれた政治家は、直茂や光政の例からわかるように、時代の雰囲気をいち早く直観的に肌で感じ取り、治者としての責任意識をみずからのものにして、次代へとつづく新しい政策を実行する人々だと考えられるからである。

料金受取人払郵便

本郷局承認

1819

差出有効期間
平成31年7月
31日まで

郵便はがき

113-8790

251

東京都文京区本郷7丁目2番8号

吉川弘文館 行

愛読者カード

本書をお買い上げいただきまして、まことにありがとうございました。このハガキを、小社へのご意見またはご注文にご利用下さい。

お買上**書名**

＊本書に関するご感想、ご批判をお聞かせ下さい。

＊出版を希望するテーマ・執筆者名をお聞かせ下さい。

お買上
書店名　　区市町　　書店

◆新刊情報はホームページで　http://www.yoshikawa-k.co.jp/

◆ご注文、ご意見については　E-mail:sales@yoshikawa-k.co.jp

ご氏名《ふりがな》		年齢　　歳　男・女
〒□□□-□□□□ ご住所	電話	
ご職業	所属学会等	
ご購読新聞名	ご購読雑誌名	

今後、吉川弘文館の「新刊案内」等をお送りいたします(年に数回を予定)。
ご承諾いただける方は右の□の中に✓をご記入ください。　□

注文書

月　　日

書　　名	定　価	部　数
	円	部
	円	部
	円	部
	円	部
	円	部

配本は、○印を付けた方法にして下さい。

イ. 下記書店へ配本して下さい。
（直接書店にお渡し下さい）

―(書店・取次帖合印)―

書店様へ＝書店帖合印を捺印下さい。

ロ. 直接送本して下さい。

代金（書籍代＋送料・手数料）は、お届けの際に現品と引換えにお支払下さい。送料・手数料は、書籍代計1,500円未満530円、1,500円以上230円です（いずれも税込）。

＊お急ぎのご注文には電話、FAXもご利用ください。
電話 03−3813−9151(代)
FAX 03−3812−3544

（ご注意）

・この用紙は、機械で処理しますので、金額を記入する際は、枠内にはっきりと記入してください。また、本票を汚したり、折り曲げたりしないでください。

・この用紙は、ゆうちょ銀行又は郵便局の払込機能付きＡＴＭでもご利用いただけます。

・この払込書を、ゆうちょ銀行又は郵便局の渉外員にお預けになるときは、引換えに預り証を必ずお受け取りください。

・ご依頼人様からご提出いただきました払込書に記載されたおところ、おなまえ等は、加入者様に通知されます。

・この受領証は、払込みの証拠となるものですから大切に保管してください。

収入印紙
課税相当額以上
貼　　　付

印

この用紙で「本郷」年間購読のお申し込みができます。

◆この申込票に必要事項をご記入の上、記載金額を添えて郵便局でお払込み下さい。

◆「本郷」のご送金は、４年分までとさせて頂きます。

この用紙で書籍のご注文ができます。

◆この申込票の通信欄にご注文の書籍をご記入の上、書籍代金（本体価格＋消費税）に荷造送料を加えた金額をお払込み下さい。

◆荷造送料は、ご注文１回の配送につき420円です。

◆入金確認まで約７日かかります。ご諒承下さい。

振替払込料は弊社が負担いたしますから無料です。

※領収証は改めてお送りいたしませんので、予めご諒承下さい。

お問い合わせ　〒113-0033・東京都文京区本郷７－２－８
吉川弘文館　営業部
電話03-3813-9151　FAX03-3812-3544

この場所には、何も記載しないでください。

02 東京

払込取扱票

通常払込料金加入者負担

口座記号番号	00100-5-244
金額	※ 千 百 十 万 千 百 十 円
加入者名	株式会社 吉川弘文館
料金	
備考	

ご依頼人・通信欄

フリガナ

※お名前

郵便番号 電話

※ご住所

※

◆「本郷」購読を希望します

購読開始　　号より

1年 1000円 (6冊)　3年 2800円 (18冊)

2年 2000円 (12冊)　4年 3600円 (24冊)

(ご希望の購読期間に○印をお付け下さい)

日附印

各票の※印欄は、ご依頼人において記載してください。

裏面の注意事項をお読みください。(ゆうちょ銀行)(承認番号東第53889号)

これより下部には何も記入しないでください。

切り取らないでお出しください。

記載事項を訂正した場合は、その箇所に訂正印を押してください。

振替払込請求書兼受領証

口座記号番号	00100-5 通常払込料金加入者負担 244
加入者名	株式会社 吉川弘文館
金額	※ 千 百 十 万 千 百 十 円
ご依頼人	おなまえ ※　様
料金	
備考	

日附印

この受領証は、大切に保管してください。

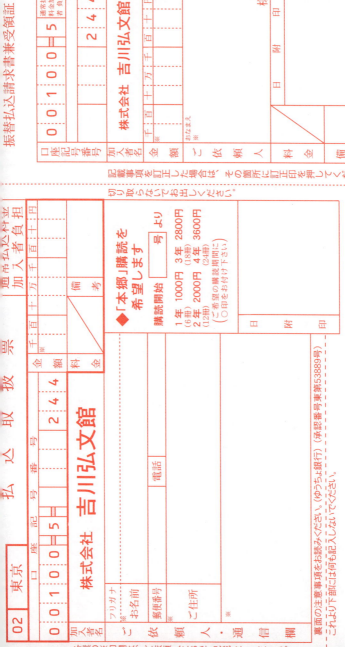

一　名君の条件

1　井伊直孝の治者意識

彦根藩主井伊直孝

徳川将軍に仕えた井伊直孝《いいなおたか》（一五九〇〜一六五九）は、大坂冬の陣を契機に彦根藩主となり、以後、慶長《けいちょう》二十年（一六一五）、元和《げんな》三年（一六一七）、寛永《かんえい》十年（一六三三）の三度にわたって五万石ずつを加増され、都合三〇万石を領することになった。この間、幕政での影響力を高める一方で、領知高の拡大に伴う家臣の増強、という事態に直面して、新参の家臣を含めた家臣団に対して、藩運営の担い手としての意識を植え付けていくという課題が急務になった。ところが、寛永九年に将軍秀忠《ひでただ》が死去したあと、将軍家光《いえみつ》の後見として幕政に深く関わることになったため、同十一年以後、ついに一度も彦根に帰ることができなかった。そうした状況下で、直孝は、家臣団の吏僚化《りりようか》を図るため、国元の家老《かろう》衆などへ宛てた書付を頻繁に送り、自己の意志を伝えた。そうした書付の一部は、『久昌公御書写《きゅうしょうこうごしょうつし》―井伊直孝書下留―』（彦根市教育委員会、二〇〇三年）に二一〇九通が収められている。そこでは、直孝が期待した藩主像や家臣像が生々しく語られている。すなわち、世子《せいし》（跡継）

や家老、筋奉行《すじ》（郡奉行と同じ性格の職）や勘定奉行《かんじよう》、目付《めつけ》などが、それぞれの役割を自覚し、主体的に自己の役儀をはたすべきことが求められたのである。そこで、右の書付類を基にして、直孝の意志がどこにあったかを具体的にみていこう（柴田純「彦根藩『御家風』の形成」『彦根藩叢書6　武家の生活と教養』二〇〇五年）。

図2　井伊直孝（彦根　清凉寺蔵，彦根城博物館提供）

直孝と林羅山

直孝の治者意識を探るにあたって、まず、林羅山《はやしらざん》（一五八三〜一六五七）との関係をみておこう。直孝は、江戸幕府の儒官林羅山を江戸藩邸に招き、儒学を学んでいた（旧版『彦根市史』中冊、一九六二年）。直孝は、重臣三浦内膳《みうらないぜん》に次のような指示を与えている（「三浦泉家文書」）。

道春法印（林羅山）へ档案《とうあん》（書状）を持っていくよう申し付ける。そちらでの口上は次のとおり。先日は御出で忝《かたじけな》く思います。御隙であれば、今日中になりとも明日中になりとも、少しの間御出で下さるように申されよと、申すばかりである。また、寄付《よりつき》（玄関脇の小部屋）の番衆に、道春がやってきたら、中の間（家の中央にある部屋）に招くよう申し聞かせよと申し付けなさい。

年未詳だが、直孝と羅山が親密な関係にあったことがわかる。直孝は、羅山との交流を通じて、独自の思想を形成していったと思われるが、どのような思想のもとで藩政を領導していったのだろうか。この問題から考えていこう。

人間の向上可能性

はじめに直孝の人間観をみていく。なぜならば、直孝が世子や家臣に期待した役割は、彼の人間観が根本にあったと思われるからである。なお、ここでいう人間観は、抽象的な人間一般というよりは、武士が念頭におかれていることに注意しておきたい。

直孝は、すでに元和四年（一六一八）の段階で次のような見解を述べている。

家中の子らが、こちらへ参った際の風体をみても、武士の風俗は失い、士の作法も見受けられない。己が気ままに成長し、誰もが若衆のようになっている。性根もないようにみえる。このような事態は家の疵《きず》である。畜類でさえ人間の性根を入れれば、その道理が伝わるとみえる。普段の志が悪いから、侍の作法もないようにみえるのだから、そのように心得、武芸をも嗜《たしな》まず不覚悟なる者は、召し出す必要はない。たとえ畜類であっても、人の性根を入れてやれば人の道理を弁《わきま》えるのだから、ましてや人であれば、侍の作法を心得、不覚悟にはならないはずだ、と人間の向上可能性を主張している。

直孝の右のような人間観は、終生変わることはなかった。たとえば、寛永二十一年（一六四四）七月十七日、直孝が世子直滋《なおしげ》の初めての彦根入国にあたって、家老木俣守安《きまたもりやす》に相談役になることを求めた書付に次のようにみえる。

家中の知行取《ちぎようとり》を始め、切米取末々までの吟味について、この吟味は是非ともするべきだ、といった性急な態度での吟味は言語道断だ。いかにも緩々と吟味すれば、人間には何らかの取柄があり、使い道がないような者はすぐ判断できるので、自然に吟味することが大切である。

人はそれぞれ持って生まれた何らかの取柄があるのだから、それを生かすように、じっくり吟味することが大切だという。たとえば直孝は、埴谷《はにや》助八郎《すけはちろう》を足軽《あしがる》から役者に取り立てた理由について、彼は「草履《ぞうり》をさげていても、武道での力量は相当な者」だから、「無文」、つまり文字の読み書きができなくても問題はない、と主張する。人間の向上可能性を認めた先の考え方と軌を一にしていることは明らかであろう。

直孝は右のような人間観をふまえたうえで、当世風の武士に次のような生き方を求める。すなわち、自分ほどの能力があれば、他藩の家中で高禄の知行が取れるといった欲心なる者は、何事においてもそうした欲深い心があるため、かえって引き立てられない。商いの世にならい高禄の知行を求めるのであれば、それに見合った奉公が必要だというのである。

当世風の武士

直孝は、一方で人間の向上可能性を認めつつ、他方で、当世風の武士が「身体を商いにだしているような」事態に陥っている状況を的確にとらえていた。彼はそうした認識をふまえて、移ろいやすい人の心の変化にも敏感であった。

たとえば、承応《じようおう》二年（一六五三）三月十五日付の書付で次のように述べている。

年中召し使っている浦々の船は、その所の船持ち庄屋に毎年詮索させるのがよい。なぜなら、何か新しいことに取り掛かる場合、どれほど無欲な者であっても、最初のうちはしっかり勤めるが、何度目かの後は、いろいろな貪欲心を起こすものなので、片岡一郎兵衛に申し付け、吟味が肝要である。

直孝の右のような人間観は、「人間の作法は、当座の時だけのことで、その後は上下ともに忘れるものなので、油断するな」とか、「とかく人に馴染《なじ》むような者は、必ず悪事をするので、常にそうした事情を考えることが大切だ」といった言葉からも確認できる。

では右のような人間観を土台にして、直孝は藩運営にあたる国元の家老衆に対し、どのような基本的立場を求めていったのだろうか。次にこの問題をみていく。

損益と道理

直孝は、正保《しょうほう》三年（一六四六）十二月二十八日、木俣守安ほかの家老中に宛てて次のような書付を送った。すなわち、西堀次兵衛《にしぼりじへえ》が彦根の賄い方（食膳を扱う部署）について思う所を上申したのに対し、成り行き任せにしてきたのはあまりにもひどいことだとして、十分に詮議しなかったことを批判する。そして、つぶさに吟味し一々について上申せよと述べたあとで、「賄い方諸人への手当は、いかに藩庫の利益になるといっても、作法を違えることは大なる誤りだ。理にも叶い、損益の考えもするところが、吟味や詮索の最も重要な所だ」と主張する。

右にいう理とは、直孝の書付で、侍の作法や士の作法といった言葉が多用されていることから、武士社会の慣習的な道理や、もう少し広く領民までを対象にした法度《はっと》などを含む、当時の社会で認められていた正当性の判断基準のことであろう。

たとえば、「ただ今高値な米を買い込み、その値段を高いままにしておけば、所に米がなくなり、諸人の詰まりになる。給人（知行地を与えられた武士）などは満足するだろうが、彼らだけの満足で済むことではない。世間の米相場の様子を承知し、国中でそれと同等で売買するように申し付けるのがよい」という。給人だけの満足ではなく、諸人のことも考えた仕置（行政的采配）が求められている。藩政を担う者（治者）として、領民の立場まで視野に入れた政治が求められ、それが道理に叶った政治だと考えられていたことがわかる。

では、道理を重視するとはどういうことだろうか。直孝は、正保三年十月十五日付の書付で次のように指示している。

東沼波《ひがしのなみ》村百姓半三郎が筋奉行へ訴訟した際、筋奉行は、隣郷のおとな百姓が仲介して扱い済みになったとして処理した。しかし半三郎は承知せず、直孝へ「直目安」（直訴状）を提出した。直孝はこれに対し、「半三郎の目安をみるに、本当は詮索しないとわからないことを、村方での扱いといって、打ち捨てておいた。しかし、村方での扱いで済むことか否かはその様子によるべきことだと考える。この場合は筋奉行の不念だと考える」と批判したうえで、事情を知らない者は、本帳での吟味をやめて仲間内での取り決めなどということにすれば、庄屋や大百姓ばかりが栄え、小百姓はいつも追い潰されることになると、自分は聞いている。このような事態はどうしてなのか。委《くわ》しく右の詮索をし、その様子をつぶさに書き付けて上申するように。このような公事があると、人間は誰によらず、理非は脇においてしまい、担当者の仕方が悪ければ、相手を憎む気持ちのみが一人歩きして悪影響が出るから、その心得の善悪を申し付けるように。

というのである。吟味もせず、村方での扱いで済まそうとした筋奉行の態度を批判し、公事（訴訟）の場では、道理がどちらにあるかは関係なく、担当者の仕方に注目するので、その仕方次第によっては、思ってもみない結果をもたらす。そのため、十分検討し道理に照らして判断すべきだという。道理を重視するとは、武士の作法や法度を基準にするというだけではなく、正しい吟味を行うことでもあったのである。

法度の重視

直孝は、法度に対してどのような態度を求めていたのだろうか。石畑《いしばたけ》村佐兵衛弟甚四郎が親次郎右衛門の跡職（相続の対象になる家督または財産）をめぐって目安をあげたのに対し、直孝は次のような判断を下している。

紙面のとおりであれば、甚四郎は不届き至極である。兄弟が住居していれば、親が隠居の田畑家屋敷を弟に譲ることは、尤もである。しかし、甚四郎は他国に出奔して法度に背き、現在兄と親の跡式の公事をしていること、また青山弥左衛門《あおやまやざえもん》が死去した時、弥左衛門の町屋敷《まちやしき》壱間を取らせ置いたところ、これにも背き他国に出、そのうえ公事の段は不届きなる様子と、自分は聞いている。それなのに、石畑村で百姓をさせるため、兄の田地の内をはがし取り、隠居屋敷をも取らせ置くように申し付けた由、言語道断な各々の分別である。右のように物事に容赦が慈悲に過ぎれば、これからも仕置・法度が立つはずがない。悪しき道を申し付けられたから、甚四郎は靭負《ゆきえ》(世子の直滋)に目安をあげたのだろう。いつも右のような申し付けられ方では、同様になるだろう。また、甚四郎が筋奉行や年寄中へ申し上げず、直目安を直滋にあげたのは、不届きの由申してきた。しかし、少しも不届きとは思わない。その子細は、公事を聞き申された時、年寄や筋奉行が寄合、聞き申されたうえで、分別もなく容赦の過ぎた判断をしたので、それでは年寄中や筋奉行へ目安をあげようがないといえるからだ。法度に背いてたびたび出奔した甚四郎への対応が、中途半端で慈悲すぎると批判し、法度の厳格な運用を求めている。

直孝の右の考え方は次の事例からも確認できる。すなわち、鳥奉行が「札」（許可証）を取ることなく殺生した法度違反者に、自分の心得で罰金の処分を申し付けたのに対して、「何度も罰金を課すのみで差し置いたから、このような悪人が生まれた」と批判し、「村々の仕置の場合、いつも罰金だけで済ませていれば、村々の者はそれで済むと考え、悪人は次から次に生まれてくると思う。軽きことであっても、時により事情により、籠舎あるいは死罪に申し付けるのが尤もである」と主張する。ここでは、厳格かつ時々の状況や場面に応じた柔軟な法度の適用を主張している。他の事例でも、「以来の仕置のため」とか「大きな仕置」のことを十分に考慮し、「法度が立たない」事態が招来しないように、常に慎重に処罰を考えよと教諭したのである。

右のような法度の厳格な適用方針は、百姓に対してだけではなかった。たとえば、鉄砲による鳥打ち事件に関して、「すべて殺生のことも札の所持いかんで申し付けよ。鉄砲の札は、以前はなかったのに、右のとおりというのは、不審千万なことだ。これを基準にしてしっかり申し付けよ。万一家中で親に面倒をみてもらっている子供などが法度に背いた場合、家老衆の子をはじめとしてすべて切腹を申し付けるので、そのように内々心得よ。その時に恨みや不足を申すな」と、法度違反は、家老衆の子であっても切腹を申し付けるという。直孝が法度の厳格な適用を重視していたことがわかるのである。

細心の吟味

直孝のもう一つの基本的立場は、「大方の成り次第」（大ざっぱな成り行き任せ）ではなく、役儀では細かに吟味して、将来もふまえた考えを工夫せよというものであった。具体的にみていこう。

直孝は、慶安《けいあん》四年（一六五一）十月二十日に木俣守安ほかの家老衆に次のように指示した。すなわち、切米（下級家臣の扶持米《ふちまい》支給）に関して、不似合いな高扶持や扶持の加増は、じっくり考え工夫すべきだと述べたうえで、

彦根藩では、万事について子細に吟味しない家癖のため、筋奉行やその他の諸役人が当座のことだけ考え、将来のことを考えていない。今後は、そうした態度ではなく、郷中のことや賄い方、京都での買物、近国や遠国での調えものなどの場合は、その道に通じた何人もの人々に尋ね、そのなかのすぐれた意見を採用すべきだ。

右のような細心の吟味と熟考、専門家の意見採用という主張は、寛永飢饉（寛永十八〈一六四一〉～十九年）の対策のため出した指示からも確認できる。

一村々の飢え人などを救うことや、このような時にふさわしい仕置・法度を申し付け

ることなどは、結局侍は知らないものだ。だから、村々の者で以前も飢死に及ぶほどの事態に対処したことのある熟練した年寄などがいれば、その者を召し出し尋ねるようにせよ。

一大ざっぱに心得ていれば、やり方に抜けが多くて、物はいるのに仕置はうまくいかず、結果的によくない方向に成りゆくと心得ておくように。（中略）大まかにしていれば、必ず大きな出費となり、仕置は後々までも悪くなるので、油断するな。

すなわち、具体的な飢饉への対処法は、熟練した年寄に尋ね、大方に心得た大まかな対処は、かえって大きな出費となり、仕置が立たないのでするなと指示したのである。こうした「余り大まかな儀」とか「あまり大まかなるばかり」といった表現は、直孝の発した書付に頻出しており、彼がそうした態度に否定的であったことがわかる。

主体性の重視

飢饉への対応として出された次の指示は重要である。丁寧に考えてみよう。

一当年は、江戸では土用前から今に至り殊の外の旱《ひでり》で作物もだいたいは不出来で、来年は飢饉になると噂している。彦根はどうか心もとなく思っている。代官や百姓任せにせず、こうした時の筋奉行なので、村々を見廻り、作柄に念を入れるよう申し付けることが肝要である。きっと油断はないと思うが、自分の欲心や他藩への外聞のためなので連絡する。成り行き次第なので、何か対策を構えよというわけではない。しかし、将来の考えをしているはずだから、何も考えていないということはあるまいと思っている。

一御預け米や、少しでも蔵に入っている米は、もう今は大津へ持って行き売り払う時期である。しかし、このような旱ゆえだろうか、江戸はにわかに米高値になった。諸国は江戸の相場に影響を受けるから、そうした考えをふまえて、しっかりした人物を京都や大津などに派遣して、その地の様子を調べ、損益の考えをしたうえで、利益になるよう大津で売り払うようにせよ。

一何事も成り行き次第と諦めれば、何もできなくなってしまう。人間はどのような者も死期の取り沙汰が肝要なので、その考えが大切である。

飢饉への怖れが高まっているなかで、筋奉行が見廻って作柄に念を入れ、将来の考えをして対応すべきことを求める一方で、米の売り払いに関しては高値を予想しつつ、京都や大津での米価の様子を探り、損益を考えて行動するように求める。そのうえで、何事も成り行き次第と諦めてしまえば何もできなくなってしまう、とそうした態度を否定し、人は生前に何をしたかが重要なのだと主張する。すなわち、飢饉になるかどうかは、成り行き次第でどうしようもないが、何でも成り行き任せにしてしまっては、人としての甲斐がない。そうではなく、人としてできる限りのことを尽すべきで、そうした生前の行動で死期の取り沙汰が定まるというのだ。つまり、人は、与えられた状況のなかで最善を尽くすよう、主体的に問題解決のために工夫すべきだというのである。

直孝の右の主張は、戦国期までの「天道次第」に対して、近世になって強調されてくる「人次第」の生き方と一致していることがわかる。たとえば、直孝と同時代の禅僧沢庵宗《たくあんそう》彭《ほう》（一五七三〜一六四五）は、秋庭半兵衛《あきばはんべえ》宛の書状で、天道次第の生き方に対して、「ただ人々才覚次第である。（中略）何事も人間のわざと御心得られよ」（『沢庵和尚全集』）と主張する。仏教者もまた、何事も人間のわざと主張し、直孝と共通の認識を持っていたことがわかる。このような生き方は、その後、直孝や沢庵だけでなく近世人の共通認識になっていったのである。

みずから考え工夫すること

直孝の右の考え方に通じる指示をいくつかあげておこう。たとえば、「切米取の者については上下によらず、番役などもできなくなった年寄や長病人《ながやみ》がいれば、よく吟味して、つぶさに報告せよ。お前たちも私（直孝）も、久しく使っていれば、用捨の心が深くなり、だいたいは成り行き任せになっている。万事について役人がそのようであれば、もしかの時に行き詰まってしまう。だから、前もってその吟味が大切なのだ」と、直孝自身や家老らの用捨の心を自己批判して、もしかの時のことを考えた吟味を指示する。

また、「不覚悟な者は、侍に限らず、下々の場合でも、食物さへあれば、奉公の志や立身の覚悟は、世間なみで、特に強くないと聞いている。安楽にいたずらに月日を送っているると聞いている。（中略）このとおり不覚悟者は、何でも成り行き次第にしていると聞いている」とあり、不覚悟者は何事に対しても成り行き任せで、奉公の志や立身の覚悟のない者と断じられている。成り行き任せの生き方が否定されたのである。

さらにまた、「何事も自分が思っていることを伝えると、お前たちは、彦根でそれについて穿鑿《せんさく》したところ、御申し越しのことと相違はありませんと返答し、御尤至極《ごもっともしごく》とばかりでこれまでは済ませてきた。だが、御尤至極というだけでは、今後奉公にはならないと思う。そのことをしっかり心得、主《あるじ》のためといって今までのとおりに成り行き任せにしていては、面々身のためにはならないので、少しは何事にも精を入れて吟味すべきだと思う」と、直孝の意向を御尤至極とのみくり返すのは、成り行き任せの奉公と批判し、何事にも精を入れた吟味が必要だと教諭したのである。

直孝は右に述べてきたように、道理と損益をふまえた藩運営を基本としつつ、厳格な法度の適用を要請した。そのうえで、諸役人がそれぞれの役儀を細かに吟味し、将来を見越して、主君のために精勤することが大切だと主張する。さらにそのためには、自分でよく考え工夫するのが大切だとし、国元への指示で「よく考え見るように」とか「左様の考えが肝要だ」という表現を何度もくり返し、執拗に自分で考えることの重要性を力説して、家臣を叱咤《しった》激励《げきれい》したのである。

ちなみに、「考える」という言葉は、『久昌公御書付』に収められた二〇九通の書状のなかに一六六ヵ所で使われており、それ以外にも、同様の意味である思案や、才覚、工夫という言葉が頻繁にくり返されている。直孝が諸役人にそうした態度を期待したのは、人間は向上可能性を持つとともに、次第に初心を忘れ、事なかれ主義や私欲に陥りやすいという人間観を持っていたからなのであろう。直孝が、人知への信頼と、人とはみずから考え工夫することで成長していくのだ、という考えを持っていたことがわかるのである。

直孝の右のような立場をふまえたうえで、彼が国元を預かる家老衆にどのような役割を期待していたかを次にみていく。

諸役人の任務

直孝は家老衆に対して、寛永十九年（一六四二）十一月五日、次のような指示を出した。

庵《い》原《はら》主税《ちから》介《のすけ》
岡本《おかもと》半介《はんすけ》

右両人の衆は、午の霜月より重ねて連絡するまで、大まかな用件を引き受け、その内容を詮議し、停滞がないよう、すぐに解決するようにせよ。それぞれの分担の役人と吟味相談して申し付けるように。

一公儀御用は、いつでも清左衛門（木俣守安）に報告し、また家中や侍中の間で両人が分別できないほどのことが生じたら、これもまた清左衛門に報告せよ。そのうえ十郎左衛門（長野）は病気なので、相談もできないのならば特別に、五右衛門（脇）に相談し、また半弥（木俣《きまた》守明《もりあき》）・与惣兵衛（長野）・印具《いんぐ》徳《とく》右衛門《えもん》・中野《なかの》助太夫《すけだゆう》といった若殿の側で用を申し付けている者のうち、そちらにいる者が主税介の所へ寄合、相談がうまくいくようにせよ。

一以前に連絡したごとく、郷中のことは何事も筋奉行衆次第なので、お前たちに相談に及ぶよう申し渡せ。これも面々が勝手な分別に及ばず、筋奉行が当役なので、主税介・半介両人へ報告させ落着するようにせよ。三人の筋奉行へも必ず申し渡せ。

今後は、主税介と半介が大まかな用件を担当して詮議し、公儀御用や両人が分別しがたい問題は、筆頭家老の木俣守安に報告し、その判断を受けること。また郷中のことは筋奉行次第なので、筋奉行が自分で分別せず両人に相談するように申し渡すこと。筋奉行が当役なので、両人に報告するようにせよ、というのである。家老衆と筋奉行の役割がここに示されている。

目付については、直孝が大坂の陣で功績のあった足軽を知行取に引き上げた際、論功評価に不備があったと不平をいう者に対して、直孝が口を極めて反論した書付のなかで、とかく目付の者が不届き者と思う。どんなことでも書きつけその時々に報告すべきなのに、ついにそのようなことはなかった。それを申し聞かせるように。目付の役割は自分で分別工夫思案をすることではない。どんなことでも主君に報告する役人だ、と言い聞かせるように、という。

直孝は別の書付で、「勘定の者」には思案工夫分別だては不要で、むしろ考えだてや分別だては邪魔で、仕事が順調にいかず、しまる所もしまらず、悪いものであるとしたうえで、監督する筋奉行も、自分が合点しないこと、または落ち着きがたいことがあれば、家老に相談し、落着するようにせよ、と申し渡している。そのうえで、我まま勝手な筋奉行がいれば、「家老の役」なので家老が一応意見し、そのうえでも改善されなければ、必ず報告せよ、と直孝に報告するように指示している。

右のことをふまえたうえで、先にみた家老の役割と関連づけて考えれば、分別工夫思案は、主君とともに家老が行うべき任務だと認識していたことがわかる。

また、家老中と諸役人が行う相談の場は、詮索のためだから、いらざる義理だてや、自分の主張を強弁することなく、真実の志を専らにし、かつどのような下々の主張であっても、取得のある意見であれば、それは主君のためを考えてのことなので採用すべきだという。相談の場での作法まで指示していたのである。

幕府老中の多忙さ

ところで、先の「家老の役」とあった書付には、家老衆のあるべき態度が、「天下の御老中は朝五つ前（八時）から八つ半時七つ切（三時〜四時）に定まり、毎日江戸城に御詰め。その外御用の多い時は、未明から夜中まで、決着のつかないうちは御城に御詰めか、または御用番の老中屋敷へ御寄合か、右のような御様子である。夜に面々の屋敷に入っても、御用のみにかかりきりの体が常々のことである。江戸の老中の多忙さをお前たちも充分に心得ておくように」と示され、幕府の老中が日々精勤している様子を述べて、国元の諸役人がこうした事実を承知し、それに見習ってそれぞれの役儀に精勤すべきだと主張する。右の書付が、木俣守安・庵原主税介・木俣半弥の三人に宛てたものであることをふまえれば、三人が右のような老中の精勤ぶりをよく認識するだけでなく、他の家老衆や諸役人にも徹底させるように求められたことがわかる。

これまでの記述からわかるように、直孝は国元の藩政に関してさまざまな指示を与えていた。そうした指示は、家老衆や筋奉行、目付、普請奉行などといった面々に対してのことだけでなく、足軽や中間《ちゅうげん》、細工人、手代《てだい》など下級武士の人事や、さらには大津での米売買や町中・在々の仕置、琵琶湖舟運から寺社への対応など、藩政のあらゆる問題にわたっていた。つまり直孝は、江戸に在府しながら、国元の藩政全般にわたる事項を詳細に把握していたのである。

世子教育

右の事実は、直孝が藩主の資格として、藩政の全般にわたる事項を熟知し、藩政を主体的に領導する能力を備えているべきだと考えていたことを示している。彼は、次代の藩主にそうした能力を獲得させるために、みずから教諭するとともに、家老衆にもそうした役割を期待した。前者については後述することにし、まず後者についてみていこう。

直孝は、寛永二十一年（一六四四）七月十七日、木俣守安に次のように指示した。

靭負がお前の所へ行き、いろいろな問題について皆々に聞き、詮索や相談をした際、万事についてお前に内談があるはずだ。しかし、直滋はまだ若輩なので、急なことと緩々としたこと、両者の違いに対する考えもなく、できることはすぐにやってしまおうと、急いでしまうことがある。たとえば、武道具をはじめ急いで申し付けないと、武士の心もないように直孝に伝わるなどと思い、急いで申し付けたりすれば、世間が不審に思い、一大事が起こったようになる。（中略）何事も人の目にも口にもとまらないよう油断なく、自然な形で申し付けられるのがよい。両者の違いを考えて対処するのは、すべての心持で肝要なので、その心得をしておくように。

直滋（靭負）は直孝の嫡子で、慶長十六年（一六一一）に生まれ、寛永四年（一六二七）に世子になっている。その後、寛永十三年八月、将軍家光によって、直孝に代わり彦根藩政を裁決するように命じられた。七月十七日付の書付はこうした背景のなかで出されたものである。

右の書付は、直滋が若輩なので、急いですべきことと、ゆっくりすべきことの区別がつかず、何事にもやみくもに行動するおそれがある。それゆえ、守安が周囲との軋轢《あつれき》などが生じないように指導すべきだと、具体的な事例をあげながら指示する。

また別の箇所では、大坂の陣で高名をあげた者の子供に跡職を申し付けるにあたって、「今度靭負に、若き者のうちで、いろいろの場で召し仕ってもよいふさわしい者がいれば、皆々へ聞いておくように申し渡しておいた。それにつき、これは推量だが、家中への穿鑿が不要な所まで進み、諸人が迷惑し、不足などもできて、家中が騒がしくなるのを気遣いに思う。靭負は実際には年若いので、右の事態が生じれば、お前一人の越度になるため、そのように心得よ」と指示する。直滋が気負いすぎ「家中が騒がしくなる」事態になれば、守安一人の落度だというのである。

右の事実は、直孝が世子直滋の藩主教育の役目を守安に期待していたことを示している。直孝は最後に、「その方の気分はまだ本復していないと聞いている、お前の身と思わず主君への奉公と思い、少しも油断なくしっかりと養生するのが尤もである」と締めくくっている。いわゆる滅私奉公ということだろう。守安は奉公のため養生に努め、直滋に対する藩主教育にあたることが求められたのだ。家老はこうした世子の藩主教育も重要な役割であったことがわかる。

直孝は直滋に対して、『久昌公御書付』に収められた書付でくり返し教諭している。しかし、直滋は万治《まんじ》元年（一六五八）閏十二月二十日に出家し、愛知《えち》郡の百済寺《ひゃくさいじ》に入った。直孝によって廃嫡されたのである。直孝が直滋を次期藩主として不適格だと判断したからであろう。たとえば、「靭負が彦根へ参っても、自分が存命なので遠慮し、家中の衆へ何事もしっかり申し付けない。そのため、主なしのような事態になっている。その責任は皆々の覚悟にある」とか、「直孝は年寄だから、死期が今か今かと思いがまんしている故のことと思う。御慈悲に靭負をこのまま仰せ付けていれば、靭負の代はこれ以後も右のとおりだろう」とあるように、直滋は直孝に遠慮し、家中の者にしっかり申し付けることがなかった。自分が直滋のそうした態度を慈悲心で見逃しておけば、この状態がいつまでも続くと、直孝は考えたのであろう。直孝が法度の厳格な適用を強調していたことを想起すれば、直滋に家督を継がせるわけにはいかなかったのだ。

直興の述懐

直滋の廃嫡によって、直孝の五男直澄《なおすみ》（一六二五〜七六）が万治二年（一六五九）四月に世子となり、同年六月直孝死去のあとをうけて、同年七月に藩主となった。そこで、直孝の直澄に対する養育方針を次にみていこう。

直孝は寛永十九年三月七日付の書付で、「亀之介（直澄）がそちらに居るので、賄い方のことは、当座の客人などのように、物入りが結構になるように申し付けてはならない。いかにも麁末《そまつ》に軽くするようにせよ。将来の身のためなので、そのように心得よ」と指示した。いかにも麁末に軽くとは、具体的には次のとおりである。すなわち、翌年の書付で、「亀之介は来年三月時分、江戸へ呼ぶこともあるが、不必要な小袖《こそで》や上下《かみしも》などを仕立てて渡すことは、無用に申し付けるように」とか、「亀之介の膳部のことは、何であっても彦根にある物で、汁一菜香の物共に三つ宛てで食べさせるよう申し付けよ」と指示したように、質素倹約して育てることを意味していた。単なる修飾的表現ではなく、実態をそのまま反映していたことがわかる。

直澄の後を継いだ直興《なおおき》（一六五六〜一七一七）は、嫡子直通《なおみち》（一六八九〜一七一〇）への教諭のなかで、往時を次のように述懐している（「守長公守盈公御直筆御請留《もりながこうもりみつこうごじきひつおうけどめ》」）。

我らが以前部屋住のうち、直澄公は将来のためを思し召し、諸事不自由に仰せ付けられた。御厚恩は今もって忘れていない。それでさえ今考えれば、詮なきことも多く後悔している。何事も幼年よりやり慣れ聞き覚えたことは、いつまでも用に立ち、年長になり習慣になったことは、どれほど直したいと思っても、大方は成就が難しい。

直興は、直澄が自分の将来のため、部屋住時代から諸事不自由に育ててくれたことに感謝し、何事も幼年時よりやり慣れ聞き覚えたことは、いつまでも役に立つと、直澄の養育方針が正しかったと主張している。

右の述懐は、直興が木俣守盈《もりみつ》や家老衆に「思いついたことは遠慮なく、直通へ申し達する」ように求めた書付のなかで語られていた。このことと、直孝が木俣守安に直滋の教導を求め、また直孝が直澄の養育に厳しさを求めていたことをあわせ考えるならば、直孝の養育方針が直澄、直興、直通へと伝えられていたことがわかる。右のような継承性は、子育てに限らず、彦根藩の藩運営でもみられたことに注目する必要がある。すなわち、これまでみてきた直孝の藩運営に対する諸指示が、その基本的部分を中心にして、やがて「御家風」となって代々継承されていったのである。

2 直興の教諭と木俣氏の諫言

家臣団教化

直興が家臣に求めた態度をみていこう。

直興は、元禄《げんろく》三年（一六九〇）二月二十一日、日光修復普請見分のため江戸を出立したが、その当日に次のような書付を国元に下した（「直孝公直澄公直興公御書写」）。すなわち、近年の諸役人は直興のことを考えることなく、役儀への心がけが薄く、損益の考えも大まかで、当座の役儀さえはたせばよいと思い、近習《きんじゅう》や頭立つ者に頼って、役儀に主体的に取り組んでいないと批判する。そして、そうした態度は役人の大きな科《とが》の第一で、私欲虚妄も同然だと厳しく断罪する。直興の右のような主張が、直孝の家臣団教化と同趣旨なことは明らかであろう。

直興はまた別の書付（「御法度并風俗ニ付御示留帳」『新修彦根市史』第六巻、二〇〇二年）で、惣じて家も末々になり、家人も子孫に至ったためか、近年は侍の実が薄く、譜代《ふだい》の主人・譜代の家人と考え弁える道理は無沙汰になり、大身小身ともに身を滅ぼさないことを専要にのみ考え、真実を尽し主人のためを思う者がいなくなったと批判する。そのうえで、家中の面々の真実の奉公は、本来は侍の武を磨いて男を立てることだが、太平の御代では「畳の上の奉公」、つまり、それぞれの役儀を陰日なたなく勤めることが大切だと主張する。太平の御代という新たな修飾語が加わってはいるが、直孝の教化と本質的な相違はない。右の二つの事例から、直興が直孝の家臣団教化を手本にしていたことがわかる。

直通への教諭

直興は、隠居後（直治と改名）の元禄十六年（一七〇三）十月五日、五代藩主になった一五歳の直通《なおみち》に三四条にわたる教諭を与えた（「直興公より直通公へ被進候御書付写」）。その一一条目で次のようにいう。すなわち、「真の忠臣」とは、平生主君の機嫌をとったり、当分の間を合わせたりするような家臣ではなく、主君に諫言《かんげん》する者であるとしたうえで、その諫言が道理に合致していれば、それに従うようにせよと。また、諫言は家老衆はじめ勤番の衆中が直々にまたは奥詰めの者を介して行うとされ、諫言の作法が定められたことがわかる。

直孝は家老衆に世子への諫言を期待していたが、作法としては定着していなかったと思われる。ところがここでは、直々に行う諫言と、奥詰めの者を介して行う諫言という形で二つのルートが示され、直興によって家臣の正当な行為だと認められていたことがわかる。そのことは、右の書付の最初に、「見分の上乾光院《けんこういん》殿（直興の父直時《なおとき》の側室）へも御覧に入れ、家老衆その外勤番の面々へも見せるようにせよ」とみえることから明らかである。

次に、右の書付のうちここでの課題に直接関わる事項を取りあげ考察する。

まず藩主の基本的心得として、すべて内外の仕置に関しては、公儀への御奉公、次には家のため、家中諸人のためを第一に考えることだとされ、そのためには、「直孝公・直澄公以来の家風」を守ることが大切だとされる。すなわち、「身体の風俗、衣類の品、刀脇差、武道具まで、当時みだりになった世上の流行を用いることなく、直孝公・直澄公以来の家風を失わないように守り、何事にも実直に嗜《たしな》むことが肝要だ」とか、「直孝公・直澄公両御代に、御尤もだとしてなされた御作法・御仕置に関する古来の物語について、近習で覚えている者に尋ね、慰みとして咄《はな》しをさせ、聞き置くようにせよ」といったように、直孝や直澄の事績が特に強調されていることがわかるのである。

家臣への対応に関しては、「すべて人というものは、それぞれの心が同じではなく、十人が十色なるものなので、奥詰めをはじめ近習に召し使う者は、それぞれに応じて常々気をくばって召し使う」ように、とか、「ただ今のうち何をいっても、お前の気に入るようにばかり奉公を勤める者は、まずよくない奉公人と考えおく」ように、と家臣の任用に細心の注意を払うよう求める一方で、「家臣という者は、大身小身近習外様末々までも、朝夕に身命を貴殿へ任せ、何《いず》れもまさかの時は、公用私用ともに用に立つ者なので、常々懇《ねんご》ろに情け深く召し使う」ことが大切だと教諭している。

直通の藩主としての行動に関しては、「万事に我がまま勝手な心がないようにし、また小心なことは少しもないように。随分と心は度量が大きいよう心得られ、たとえ山ほどの仕事が生じても、少しも倦怠しないようにすること。小心では大きな御奉公は勤めがたい」と、繁忙であっても倦《あぐ》むことなく、度量広く事にあたるべきだとされ、さらに「目付は一ヵ月の内に一度ほどずつ前へ呼び出し、変わったことがないかと尋ね、思いついたことを申させて聞き、問題によって家老衆の了簡をも聞き、または我ら方（直興）へも報告するようにせよ。相談にのる」と指示した。

右のように教諭したうえで直興は、「右の条々は常々失念するな。この書付はいつも側近く差し置き、折々に絶えず見分すること」と、この教諭を常に側近く置き、藩主としての行動指針にせよと締めくくっている。直孝が期待した藩主像や家臣像は、直興の教諭を通じてくり返され、「御家風」と意識されて定着していく様子が確認できるのである。

生まれながらの大名

直興は直通に対してだけでなく、家老衆にも直通への諫言を求めた。木俣守盈と江戸詰番家老衆に宛てた書付（「守長公守盈公御直筆御請留」）で、「忠臣の諫めをも用い、自分の言葉と思い嗜むように」と直通に教諭し、「客などのある節」の対応を述べたうえで、「物事を明白にして自分を慥《たしか》に務め、儒仏神を兼ね、天道をおろそかにしなければ、平生はいうまでもなく、上への御奉公、戦場でも武道の冥加《みょうが》に叶い、家の繁昌は疑いない。このように務めれば、あとのことは運次第と天命に任せ、何事も悔いることはない。また柔弱に物事が成り行けば、必ず家も衰え、上の御用に立ちがたく、そういう例は多い。この所をよく考え、自分でも務め、また家老たるべき者は、折々に主君に諫言をするのが本意なので、必ず油断するな。この紙面をつぶさに直通へ伝えるようにせよ」と結んでいる。ここで重要なことは、家老は主君への諫言が役儀の本意だとされたうえで、この紙面を直通に伝えよと指示したことだ。すなわち、木俣や家老衆の役儀の本意がどこにあるかを、直通と家老衆に同時に周知徹底させる意図があったと推測されるからである。

右の事情は、次の書付からも確認できる（「守長公守盈公御直筆御請留」）。すなわち、大将たるべき人は大まかではなく、細心の注意を払った仕置を行うべきことを述べたうえで、井伊家は、古風を用い世上の手本となるべき家柄であるにもかかわらず、幼少で家督を継いだ直通は、「生まれながらの大名」で、大名は苦しみをする身（苦労を身に体現する者）であることを十分理解しているとは言いがたい。家老衆は本来そうした直通を教導するのが任務なのだから、思っていることを言い残したり諂《へつら》ったりせず、自分たちの役柄をはたすことが大切だとしている。直興の右の二つの書付から、家老衆が何を期待されていたかがわかる。

守長の諫言

次の書付（「守長公守盈公御直筆御請留」）は、木俣守長《もりなが》が直通の教導のため、小姓衆宛に差し出したものである。その書付の最初に、「家臣の上申を殿様の耳に入れない由」とあることから、直興が諫言の作法を定めていたにもかかわらず、そのシステムに一定の支障が生じはじめていたことがわかる。しかし、守長が、家臣の上申を御耳に入れるべきだ、と述べていることから、この段階ではまだ、諫言のシステムが機能していたことがわかる。

守長は、右のように述べたあと、「人間の大知」は人に言わせて善悪を聞き分け、それぞれに道理次第に判断することが大切だと主張する。すなわち、主君は一人の分別では苦労ばかりで、世間の了簡、つまり道理を知るために諸人の知慮を求める必要があるという。主君は家臣の諫言を聞き入れ、世間の了簡を知ってはじめて、「誠の大知」をもって藩の運営にあたることができるとしたのである。なお、「御大将の御知慮は諸人の知慮と思し召すようにさせたい」とあるように、主君が右のごとく思し召すように努めることが小姓衆の役割だとされていることに注意しておきたい。守長は直興の意を受けて、直通への諫言だけでなく、小姓衆の役割にも言及していることがわかるからである。直興の意向が、守長を介して直通や小姓衆に伝えられることで、彦根藩の「御家風」として定着していったことがよくわかるのである。

守盈の諫言

守長の跡を継いだ守盈の代になると、直孝の行動や意向が、「こなた様の御家風」と意識され、直惟《なおのぶ》への諫言にあたって根拠とされた。直惟は守盈らの諫言に対して次のように述べている。享保二年（一七一七）の「御法度幷風俗に付御示留」（『新修彦根市史』第六巻）では、不正があれば、役人の大小に関係なく、見聞きしたことを報告すべきことが求められ、さらに人が自分に言わない奢りが自分にあれば諫言せよ、というのである。そうした際の基準が、「直孝公御時代よりの格」であった。すなわち、直惟もまた彦根藩の「御家風」にしたがって藩運営にあたっていたことがわかるのである。ここでは、守盈が自身の体験をふまえて、どのような意見書を提示したのかみていこう（「守盈公御直筆御請留」）。

直惟が、能の稽古への没頭は、藩運営のことで「苦しみ」に思うことが多く、慰めのためだと弁明した書付を守盈に送ったのに対して、守盈は次のように意見を加えた。

拙者も色々なことをして、慰みになるだろうと思っていましたが、一つも年をとるにつれて心が慰みになることはありません。只今にいたっては、年若の時分に覚え気根もよいうちに学問に精を出していれば、和漢の書物も読めて慰みになっただろうに、考えが足りないからか今にいたって後悔しています。（中略）第一は御学問御素読、只今のうちに御精を出されれば、二〇年以後は殊の外御慰めに罷りなると思います。天下御後見（徳川将軍の後見役）の御家柄なので、御学問がなくては、後に御不自由になることがございます。

そしてこの後、儒者の佐藤直方《さとうなおかた》の名をあげ、政道のことに志ある人物とみえ、申し分もよく道理もそれぞれに規矩をもって申すと評価し、直方の講談などを聞くようにと求めている。守盈は、井伊家が「天下御後見の御家柄」であることから、今から学問に励む必要があると、自分の体験をまじえながら直惟に意見したのだ。守盈は父守長と同じように、木俣家の役割を十分に認識し、自己の役割をはたしていたことがわかるのである。

木俣氏は、徳川家康の近習であった初代守勝《もりかつ》が、天正《てんしょう》十年（一五八二）、家康によって「甲州侍の物頭」として井伊直政《なおまさ》の付属を命じられ、直政の死後、その遺言で四〇〇〇石を拝領したことに始まる。そして、守勝が大坂の陣の三年前に死去した後、養子の守安が跡を継いだ。守安は直孝のもとで家老の役を四十余年勤め筆頭家老となり、五〇〇〇石に加増されて直澄の代に隠居した。その後、三代目の守明の代に八〇〇〇石となり、元禄十二年（一六九九）、四代目の守長の時に九〇〇〇石となった。さらに、宝永七年（一七一〇）に家督を継いだ守盈が、享保七年（一七二二）に一万石を拝領し、以後、これが木俣氏の知行高として固定していったのである。

図3は、彦根藩における井伊家と木俣家の関係図である。あくまで概念図なので正確ではないが、以上述べてきたことを理解するうえで参考になると思う。参照されたい。

彦根藩の「御家風」

彦根藩では、直孝が幕閣の中枢にあって長く江戸に留まったため、直孝は、彦根藩政の細部にわたってさまざまな指示を国元に書き送らねばならなかった。本章では、そうした直孝の指示を基本史料にして、彼の考え方の根本にある人間観や道理・法度観、さらには役儀を主体的に担う家臣観などを明らかにした。その際、直孝は国元への指示で、何度も何度も、考えよ、工夫せよと、自分で考えることの重要性を力説していた。こうした藩運営に関する考えは、羅山などの儒者や禅僧から治者としてのあるべき姿を学び、同時に藩主としてのみずからの体験をふまえて、直孝自身が自分で考え抜いた成果なのであった。こうして獲得した直孝の考え方は、近世の藩社会にふさわしい思想的内実を備えていた。それゆえに、彦根藩の「御家風」となり、歴代の藩主の教諭や家老衆の諫言のなかでくり

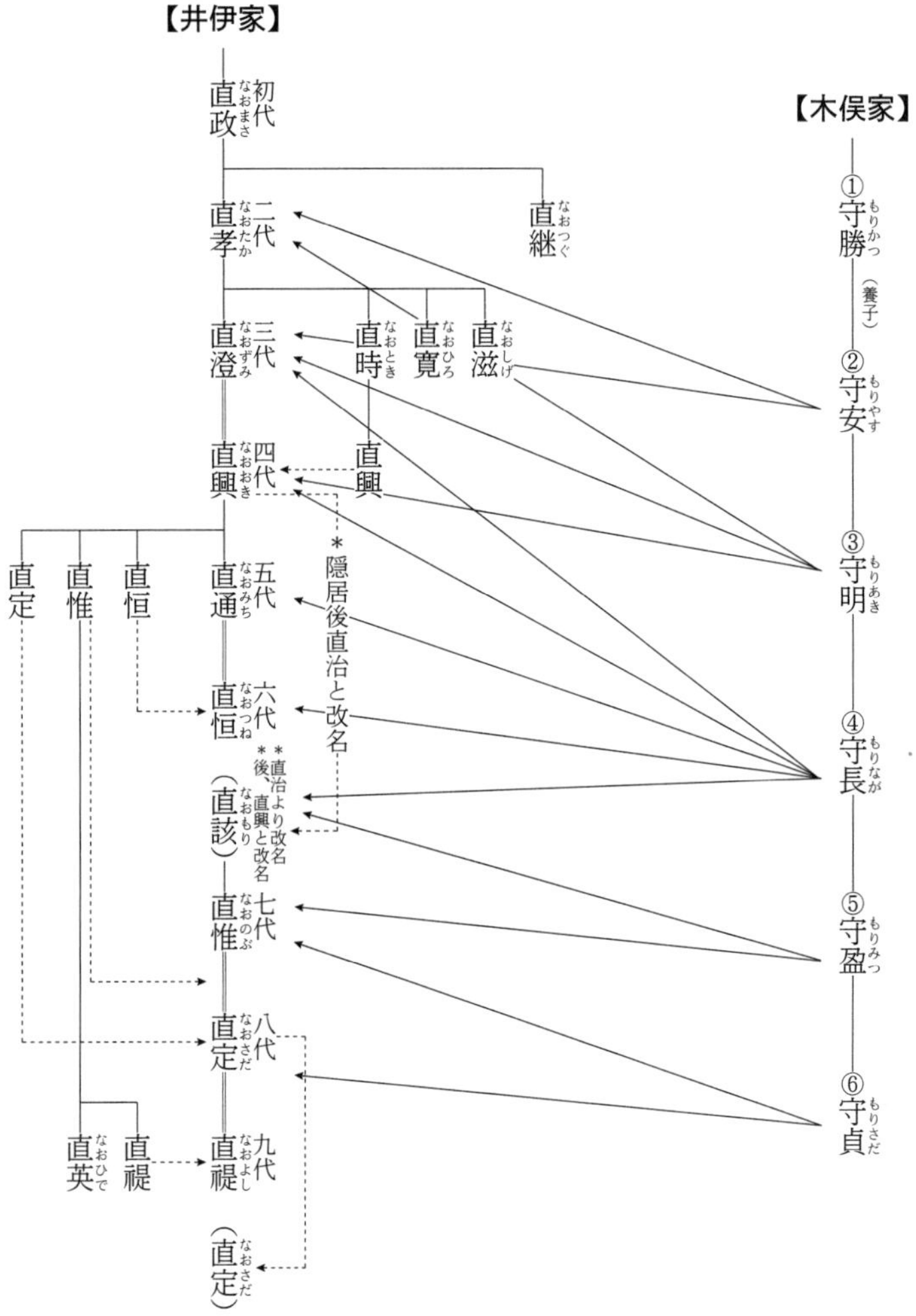

図3　井伊家と木俣家の関係図

返されることで、範例化していったのだ。しかし、五代直通や七代直惟の頃になると、藩主が生まれながらの大名となり、また木俣氏も同様に、生まれながらの家老家となったため、藩主への諫言体制そのものが次第に形骸化していった。その背景には、十八世紀半ば頃になると、直孝が直澄への遺言で危惧していたとおり、大名家だけでなく家臣の世界でも家格が固定化してきたことがあげられる。世襲化に伴う制度疲労がこの頃から強まっていくのである(柴田純『江戸武士の日常生活』講談社、二〇〇〇年)。

さて、右にみてきたように、直孝は、治者(政治の担当者)としての責任意識を自覚して藩政を領導していった。では彼は、こうした任務の自覚を、どのようにして獲得したのであろうか。近世初頭の思想状況を検討することで、この問題を考えていこう。

二　近世的思想とは

1　中世の思想・文化状況

まず近世の思想・文化状況の前提になる中世のそれについて、田村芳郎「日本思想史における本覚思想」（『講座日本思想1　自然』岩波書店、一九八三年）、黒田俊雄「中世的知識体系の形成」（『講座日本思想2　知性』岩波書店、一九八三年）、平雅行「神仏と中世文化」（『日本史講座4　中世社会の構造』東京大学出版会、二〇〇四年）の諸論考を取りあげて、整理しておこう。

中世の本覚思想

田村は、中世の思想・文化状況を次のようにまとめている。

日本中世を思想史の上から見たとき、注目すべきことがらに気がつく。それは、仏教から修験道《しゅげんどう》、さらには日本固有の信仰（神道）や文芸にいたるまで、理論化ないし理念づけを通して確立されたことである。その理論化ないし理念づけにさいして、共通背景となったものに、叡山天台を中心として発展していった本覚《ほんがく》思想があげられる。

右の本覚思想とは、たとえば、自と他、男と女、老と若、物と心（色と心）、生と死、迷と悟（仏と凡）、善と悪、苦と楽、美と醜といった、二元相対の現実を設定し、まずその現実をこえた不二絶対の世界（永遠相）をつきつめたうえで、現実に戻り、二元相対の諸相を肯定する。たとえば、生と死について考えれば次のようになる。すなわち、生と死の一方を否定し捨てるならば、他方もまた捨てるということであり、一方を肯定し取るならば、他方もまた取ることとなる。だから、生も死もともに本来の覚性（本覚）の表れで、ともに永遠常住の姿として肯定されるというのだ。こうして、本覚思想では、自他や男女などすべての二元相対の現実が肯定されることになったのである。

また、本覚思想を背景にした中世の共通理念には、「自然《じねん》」という、おのずからしかる世界、すなわち、事物（法）が作為をこえて（無作）、本来自然に存する世界が主張された。つまり、「自然」とは、

この身のほどを知るとか、あるべきようということは、人間の限界、各人の分限を法の定めと諦観し、おのがはからいを捨てて、法の道理（法爾《ほうに》道理）、法の自然（自然法爾）のままに身をまかせることを意味したものである。

という。つまり現実の肯定といっても、それは神仏の絶対性を認めたうえで、人間の限界を認め、諦観して、自己のはからいを捨てて、法の道理に身を任せることを意味していた。そこでは、人の創意工夫する余地はほとんど予想されていないのである。

田村はまた、能楽や生け花、茶の湯といった、室町時代に成立してくる文芸について、自然・人生の移りゆきに美を見いだし、それを芸の上に盛った。（中略）源は自然順応にあり、そこから進んで現実順応ないし現実肯定となり、そういうところへ本覚思想が活用された。（中略）四季の自然の変移に美や趣があることを、人生の生死無常にもあてはめ、肯定したものである。このように、天台本覚思想と伝統的な日本思想（神道）ないし日本文芸とは、相互影響のもとに発展していった。

と主張している。しかし、この場合も、自然順応といっても、それは神仏の絶対性を前提にしたうえでのことで、人の生気や作為性は稀薄である。それは、十六世紀以降の文芸的世界を垣間みれば明らかである。すなわち、立花（生け花）では、十六世紀になると、「むくむくとまろく（円形である）立て」、「たしやかにして（しっかりしていて）つよづよとあるべきこと」（『文阿弥花伝書《もんあみかでんしょ》』）が主張されてくる。つまり、それ以前の歌論などが重視した「あさあさと（あっさりと）立てる」ことや「たよわき（か弱い）花」を否定して、生気を重視して、濃密な生命の充足が強調された。立花は、単に自然を切り取るだけの世界ではなく、人間的世界に仮想的自然を演出し（作為）、大広間や書院といった儀礼や生活の場を荘厳化するうえで必要な装置になったからである。

また、千利休《せんのりきゅう》によって大成された茶の湯は、四畳半という空間を一つの宇宙に見立てて人工的に仮想し（作為）、そこでは主客の交わりが立場を超えたものとして演出された（作為）。わび茶は、安土《あづち》城や大坂城などの豪華な城郭建築や、その内部を飾った狩野永徳《かのうえいとく》の力動感あふれる障壁画とは違って、一見すると禁欲的な精神が認められる。しかし、秀吉が黄金の茶室と山里丸の茶室をともに好んだように、わび茶は、入念に計算しつくされた「やつし」の演出で、黄金の茶室に負けない周到な人工的演出が背景にあった。

右のような立花や茶の湯の世界は、中世末に始まる人間的世界の自立という時代背景のなかで、それまで神仏中心で、その下にあった芸能の世界に、人間的世界の論理（作為性）が持ち込まれることで成立したのである。それゆえ、中世の自然順応は、人の作為をできるだけ削った、宗教的性格が強いものであって、近世になって成立してくる人の作為性を前面に出したそれとは区別する必要があろう。

真の知識人とは

ところで、黒田俊雄は、田村のいう本覚思想が中世で占めた意義を認めたうえで、十四世紀に登場してくる「新しい知識人」の先進性について次のように語っている。

まず、慈円《じえん》の『愚管抄《ぐかんしょう》』にみえる「智解《ちげ》」という言葉を手がかりにして、智解とは単なる知的能力がある智恵ではなく、「知的な理解能力」であろうと述べ、そのうえで、『徒然《つれづれ》草《ぐさ》』の文章を引用する。

惣じて僧も俗も今の世をみるに、智解がむやみになくなって、学問ということをしなくなった。学問は僧の顕密を学ぶも、俗の紀伝・明経《みょうぎょう》を習うも、これを学ぶにしたがって、智解にてその心を受ければこそ、面白くなって勉強することだろう。

こう引用したうえで黒田は、「智解とは、学問などを理解する能力である。慈円は、そういう能力をもつ人、つまり智恵者、いちおうの形だけの物識りではない、いわば真の知識人が『今の世』にはまことに乏しくなってしまったというのである」と語っている。黒田は、右のように考察したうえで、慈円や吉田兼好《よしだけんこう》に「真の知識人」たる姿を認める。そのうえで、兼好をそうした知識人の代表として、次のように評価する。

兼好は、個々の知識や才能を固定的に評価せず、状況のなかでの知性のはたらきとしてその妙味を観察する。（中略）ものの考え方、知の表出のしかた、智恵の働かせ方、愚劣、軽率ということの意味をみる。

右の知性のはたらきとは、「人木石にあらねば、時によって物に感ずる事なきにあらず」という『徒然草』の言葉にみられるような、その時々に物に感動することである。すなわち、「この知のはたらきが、兼好には限りなく味わい深いものとして、とらえられている」とあるように、ものに共鳴し、共感する感覚のことで、「知識と思惟」の新しいあり方を読み取ろうとする姿勢をそこに認めることができるのである。

ところで、十四世紀に登場してくる「新しい知識人層」は、「身につけた知的能力つまり『才芸』（学問と芸能、知性と芸術）によって生きた」とされ、この才芸に最も自覚的に対応したのが兼好だとする。そのうえで、兼好は、知識を蓄積するだけの物知りであることを求めず、知識は精選されなくてはならないし、それは賞翫《しょうがん》にたえ美意識を満足させるものでなければならないと考え、最も洗練され精選された知識の典型が、兼好にとっては「故実」だったという。

才覚の否定

だがその一方で、黒田は、

兼好は、「人の才能は、文あきらかにして、聖の教を知れるのを第一とする」といい、つづけて「手書く事」「医術」「弓射、馬に乗る事」「食」「細工」を挙げ、そして「この外の事ども、多能は君子の恥じる処なり」とする（第一二二段）。才能・才芸は尊重されなければならないが、あり方が問題である（第一六七段）。まして「才覚」（第一一六段)、「才学」(覚)(第一七九段)という語で表現されている勝手な知識の働かせ方や学識は、誡《いまし》められなければならない。

と語ったうえで、さらにつづけて、

『徒然草』は見方によっては最終段ともいえる第二四二段で「行跡(行状・ふるまい)と才芸」についての名誉心を指摘し、これを「色欲」「味《あじわい》」とともに、「これ顚倒の相より生じて、若干《そこばく》のわずらいあり、もとめないにはおよばない」としている。知識人らしく行動と才芸にこだわることそのものを、否定している。知の観察の果てには、知の誇りの否定がある。それを、無常観や遁世《とんせい》の精神という月並みの類型に納めて解釈すべきではあるまい。そうではなく、かれにとって、むしろ遁世は知性への考察と批評のための仮説的な基点であり、論評・観察のための仮の座標軸であったと、みなければならないのではなかろうか。

と総括する。しかし、右の評価は評価しすぎなのではないだろうか。「聖の教」が「第一」とされ、才覚のような勝手な知識の働かせ方や学識が誡められて、行動と才芸に執着することが否定されている。これらの言葉は、田村が指摘していた、自己のはからいを捨てて、法の道理に身を任せること、と同義なのではないだろうか。つまり兼好もまた、天台本覚思想の枠内にとどまっていたと考えるべきだろう。「才芸」とか「才覚」が積極的に肯定され、みずから考え抜き、創意工夫することが大切だと自覚するためには、本覚思想から自由になる、近世社会をまたねばならなかったといってよい。

本覚思想の崩壊

さて平雅行は、「中世仏教界の主要な思潮である本覚思想は、さかしらのない本源的な無垢の世界を理想視した」と、本覚思想を的確に要約した。さかしらのないとは、才気ぶらないことで、田村のいう身のほどを知ることである。無垢とは、田村のあるべきようということである。つまり、勝手な才覚ぶりを否定し、無私とか赤子の心とかの世界にとどまることである。

平は、右のような本覚思想に基づいて、中世文化は、「鎮護国家と五穀豊穣、つまり平和と繁栄の実現を宗教に求める宗教的現世主義を基調」とし、近世文化は、「宗教性を脱した世俗的現世主義を基調」にしているとした。右の見解から推測すれば、中世文化は神仏が絶対的に支配するもとでの現世主義であり、実態は諦念された現世肯定を基調としていたのに対して、近世文化は、神仏の力が相対的に低下するなかで、才覚や創意工夫によって、人がみずからの力で未来を切り開いていく、現世肯定の社会に移行したのだといえるだろう。

平は、中世から近世への転換を次の言葉でまとめている。

十六世紀のヨーロッパ人の来航は、天竺《てんじく》を世界の中心とする仏教的世界観を打ち砕いた。中世日本は天竺との一体化によって中国から自立しようとしたが、ヨーロッパ人の来航は三国世界観を根底から崩壊させた。これによって日本の神々を三国世界のなかに位置づけようとした中世の思想的営為のすべてが、一瞬にして紙屑と化した。中世文化を領導していた仏教の思想的優位性が瓦解し、仏教の時代はここに終焉を迎える。神道や神国思想、さらには儒教の、仏教からの自立がここから始まるのである。

中世文化は、天台本覚思想（顕密仏教の知識体系）のもとで、神道や神国思想、儒教を包摂し、文芸に大きな影響を与えてきたが、本覚思想の崩壊によって、それぞれが自立し、やがて文芸世界も宗教から自立して、近世には、儒学を中心に仏教も神道も一体だとする、儒仏神の三教一致的世界が成立するというのである（尾藤正英『江戸時代とはなにか』）。ちなみに、天台本覚思想は、霊空光謙《れいくうこうけん》の『闢邪編《へきじゃへん》』（一六八九年）によって、最終的にその思想的生命を終えたという（田村芳郎「天台本覚思想概説」『日本思想大系9　天台本覚論』の解説、岩波書店、一九七三年）。

2　藤原惺窩と林羅山

天道思想

では、近世の新しい思想性は、どのようにして成立するのだろうか。近世初頭の儒者、藤原惺窩《ふじわらせいか》（一五六一～一六一九）、林羅山、那波活所《なばかっしょ》（一五九五～一六四八）を取りあげて、次に考察していこう。

人間的世界の問題は、人の力である程度解決できる、という人知への信頼が、十六世紀には次第に高まりつつあった。こうした変化は、人が自然（神仏や天など）から相対的に独立した人間社会を形成しているという自覚に基づいている。人はその自覚のなかで己を見つめ直し、自己の主体的営為で現実を切り開いていくことになる。近世は人間的世界が自立していく時代になったのだ。かくして、人の主体的営為が重視されたことで、社会的活動を重視する儒学が受容され、活かされる素地が生まれつつあった。

ところで、神仏の権威が衰退してきた十六世紀から十七世紀はじめには、「天道」という言葉がさかんに登場し、いわゆる天道思想が流行した。天道思想とは、石毛忠によれば、仏神と同義であり、人間の運命や時勢の推移に漠然とした冥慮《みょうりょ》（神仏の配慮）の働くことであり、天地万物の道理であって、人生と歴史を「因果」の報いを以てオプティミスティックに支配する「超越的主宰者」として、運命打開の契機となる神秘性と、支配権力を理念づけ秩序の安定を要求する倫理性をあわせもつものとされる（「戦国・安土桃山時代の倫理思想」『日本における倫理思想の展開』吉川弘文館、一九七二年）。

たとえば、明智《あけち》光秀《みつひで》が主君織田信長を自害させた後、豊臣秀吉に惨敗した事件に対して、近世初頭の歴史家たちは、「天道恐るべし」との評価を与えた。また、慶長《けいちょう》十九年（一六一四）に成立した鴻池新六《こうのいけしんろく》の家訓（『幸元子孫制詞条目』）は、「今日一飯一衣を得るも、天地・神仏・国王の御守護なくして、その生業成就せず。高恩日夜忘れない事」と主張する。商人にとって平和の有難味が説かれているのだが、その実現が、「天地・神仏」という超越的存在と、「国王」という世俗的権力によって保証されるというのである。

さらに、「その身の恣《ほしいまま》に費やし捨てる金銭は、先祖伝来父母の遺物。己がこれを預かり、なお子孫に伝えるべきなのに、己がむやみに費やすこと、大不幸の罪。天地これを許したまわず。その身は必ず禍《わざわい》を受けるはずだ」と主張する。先祖伝来の金銭は、自分が一時的に預り、子孫に伝えるのが役目なのに、浪費すれば、それは先祖に対する大不幸の罪で、天地の罰を受ける、というのだ。あきらかに天道思想の影響が認められる。鴻池の家訓は、なお戦国的風潮が強い段階で、当時流行していた天道思想によって家の存続をはかろうとしたことが知られ、なお、「天地、神仏」という超越的なるものの規定が強かったことを示している。

右に指摘したように、戦国期は、超越的主宰者である天道が、神秘性と倫理性を具有するという、天道思想として展開し、天道の意向に背いた者には、天罰がくだるとされた。天道のこうした超越性を心への内在性に転換させたのが、近世儒学の祖とされる藤原惺窩である。こうした転換のうちに、近世的思想の出発点があると考えるので、以下、惺窩とその弟子林羅山、那波活所を取りあげ、この問題を考えていく。

藤原惺窩

惺窩は「五事之難」(『藤原惺窩集』思文閣出版、一九四一年)で、

そもそも天道なるものは理だ。この理は、天にあり、いまだ物に配当されない状態を天道という。この理はまた、人心にそなわり、いまだ事に対応しない状態を性という。性もまた理なり。人心の四徳である仁義礼智の性は、天の四徳である元亨利貞《げんこうりてい》の天道と、名を異にしてその実は同じだ。およそ人は、理に順《したが》うならば、すなわち天道がそ

の中にあって、天人一のごときものだ。

と述べる。ここでの主張は、天道とは天地万物の理（自然界の条理）であり、それが人性（人が生まれつき持っている性質）に備わっているということである。つまり、中国の宋《そう》や明《みん》代の儒学における理即性《りそくせい》説を理即天道とすることで、戦国期の天道思想における天道の超越性を、自然と人のうちに内在する天道に転換したことが知られるのである。

惺窩は、なぜ右の転換をせねばならなかったのだろうか。すでに述べたように、惺窩の生きた時代は、人間的世界が大きく拡大し、神仏の権威が後退するなかで、戦国期の実力主義の風潮を受けて、人が自身の力を自覚するようになっていた。そうしたなかで、運命

図4　藤原惺窩（東京国立博物館蔵，Image: TNM Image Archives）

を司る天道が人間的世界を一方的に支配するのではなく、人が自己の主体的営為によって、自己の世界を切り開いていく可能性が追求されてくるようになった。

すなわち、天道思想にみられる因果応報観では、天道が超越的主宰者であるかぎり、そこに人が関わる余地はなかった。しかし、天道が人の心に内在するとされたとき、人間的世界では人の努力如何、つまり、人の心のあり方こそが問題とされてくる。こうして人倫的問題が人自身の問題として考察される可能性が開かれたのだ。いいかえれば、天道の働きが人の道徳的努力に応ずるものとして、己が心、己が力こそが問題なのだと意識されるにいたったのである。

惺窩の問題意識

では惺窩は、いかなる課題意識を持っていたのだろうか。次のようにいう。

この数十年間、多くの怪異や異変があり、世の中で守るべき道義は残酷で薄情になり、謀反《むほん》が普通で正しい道が途絶え、実の父を殺す者がでて、そのまま高位高官に登っても、人は常のこととして何もいわない。戊申の歳（慶長十三年）、手ずから自分の母を下京に殺す者があった。だが人は常のこととして何もいわない。これは麻木瘻痺《まぼくいひ》（手足がしびれ感覚がにぶること）して、人の痛痒（いたみやかゆみ）を知らない状態だ。こうして世の中の正しい道義はすたれ、風俗はここに極まった（『藤原惺窩集』）。

すなわち、不孝が現実社会で蔓延している事態は、人が本来的に持っているはずの最も根源的な道徳性すら失われていること、それにもまして、この不孝を「常のこと」として何もいわないような社会のあり方は、人が本来的に持っていると考えられた、道徳性の共有のなかで実現される連帯意識までもが失われてしまった社会だと、惺窩が認識したことを示している。つまり彼は、近世初頭の社会が、本来共有されるべき連帯性を喪失した、きわめて荒廃した道徳的退廃の状態にあるという、厳しい現状認識を懐いていたのである。

こうした認識が、人が人としての連帯意識を回復するためには何をなすべきかという課題を惺窩に与え、中国の宋や明代に新しく起こった儒学の本格的学習へと向かわせることになった。なぜなら、宋明の儒学は、「人倫日用の世界」、つまり眼前の現実世界は、問いと答えの両方がある、唯一の実なる世界なのだと強調していたのであり、現実の社会のうちに真実をみる学問だったからである。

惺窩はこうした現状認識のなかで、朝鮮通信使の書状官許箴之《ホジャムジ》に私淑し、志を立て、自立することの大切さを教えられた。そして、儒学の研鑽に励み、次のように自己の課題を設定する。すなわち、「最近は、世間の状態が下降して風俗が悪くなり、親に仕える道を忘れ、次第に父母をなみする国にならんとしている。自己を修めることを知らないのに、どうしてよく人を治めたり、社会によい影響を与えたりすることができようか」(『藤原惺窩集』)と。

まず自己の修養に努め、その成果を、人を治め、社会に影響を及ぼすように役立てること、つまり「修己治人」が自己の課題であることを自覚する。そして、「現在は天下が乱れ、単に人を治療する術がないのみでなく、またよく国を治療する才(学問)もない」(『藤原惺窩集』)と述べ、みずから主体的に国を治療するための学問＝儒学を学び、国医にならんとしたのだ。

治者の任務とは

では惺窩は、治者に何を期待し、どうあるべきだと考えていたのだろうか。この問題を考察するため、『寸鉄録《すんてつろく》』および『大学要略』(『藤原惺窩集』)を取りあげ検討する。

惺窩は、「天下の主人の役割は、万民を飢えず寒《こご》えずして、人としての道を教えて、善人に治めさせることだ」と規定する。なぜなら、自分に智恵がなければ、みずから工夫して、「立派な人物を見つけだし」、「財政を豊かにする」という二つの課題が解決できないからである。そして、もしこの二つの課題が克服できなければ、戦国乱世の「風俗が貪欲で無道な世界に戻り、上下ともに利欲に溺れて、五倫の道にはずれる」ような、道徳的無秩序の世に逆戻りしてしまう。それは、人々が今もよく知っている、過去の忘却した社会としてではなく、誰もが鮮明に記憶のなかに刻印づけている現実的な社会なのであった。

では、かかる戦国の乱世に戻らないためにはどうすればよいか。それは、治者がいかなる事態にも動じずに対処しうるような、主体的自我を確立すること、その究極的な到達点たる「至善《しぜん》」の境地に到達する必要があるという。惺窩によれば、至善の境地は「心上の物欲を去る」工夫を重ねることで実現できるという。かくして治者は、至善にいたるための工夫を重ね、治者としての主体的自我を確立することが求められた。それが現実の政治的実践に不可欠だと考えられたからである。

すなわち、「身を侮られるのも、家を取られるのも、国をうたれるのも、つまるところは他人にされるのではなく、すべて自分からするのだ。そうであれば、他人に対して用心したり気遣いしたりするよりは、ただ自分の心をしっかり修めるべきだ」とあるように、国の滅亡などは、自分の心が脆弱《ぜいじゃく》なために自壊するのであり、政道は自分を正しくしておかねば実現できないからである。統治的主体を確立すればどうか。「心に徳を備え、身に行いを正しくし、慎みの気持ちがあれば、おのずから見た目より威光があって、人が今まで以上に畏《おそ》れる」ようになる、というのだ。

こうした工夫を重ねることで、現実においては、いわゆる孔子《こうし》の四絶（勝手な心を持たず、無理押しせず、執着せず、我を張らない）が実現し、それによって至善に到達できるとされる。すなわち、心上の物欲を去る「格物」の工夫により、『大学』にみえる「正心修身斉家治国平天下」の基たる「誠意」（自分で自分の心を欺《あざ》むくことのない状態）が実現され、心が物にしばりとられることのない「正心」が実現する。心が物にとらわれて慎みがなければ、正しいものも見えず、そのため親愛することに引かれる心が生じ、その結果、子の悪きことがみえず溺愛してしまうのだが、正心によって修身が実現すれば、一方向に心が偏って覆われてしまうことがなく、自分の家をしっかりおさめることができる「斉家」が実現され、かくして「治国平天下」も実現できるという。

すなわち現実の領国経営においては、一方で、「民と一同の心」をもって政治にあたり、よき家臣を「挙用」すべきことを強調する。他方で「財とは一切の財宝のことで、金銀米穀衣服器物の類である。この財は一日もなくてはならないものだが、不法な仕方で貪り取れば、人の道を乱し風俗を破壊する」とし、治者の極端な収奪を諫《いさ》めつつ、人の最も必要なものは食で、一日もなくてはならないものだから、農業を尊び、農民を出精へと向かわせることを説く。そのうえで、「利とは用い方で、善悪ともにいう字である、国を利するといい、天下を利すというのは、悪いことではない。己を利すというのは、私しものにするので、悪くなるぞ」と述べ、国や天下のためであれば、利は非難されるべきではない、と主張したのである。

「修己治人」の政治思想

こうした「修己治人」を重視する惺窩の政治思想は、単に書物のうえで観念的に主張されたのみではなく、近世初頭の現実の政治的実践のなかで活かされていた。すでに述べた井伊直孝《いいなおたか》の事例は、それをよく物語っている。なお、惺窩と親交が深かった大名には、『寸鉄録』を上呈した浅井幸長《あさいゆきなが》のほか、戸田氏鉄《とだうじかね》、加藤清正《かとうきよまさ》、増田長盛《ますだながもり》、永井尚政《ながいなおまさ》などが知られている。

惺窩の儒学は、厳しい現実認識をふまえ、現実社会に柔軟に適応しつつ、実践的課題を解決しうるような主体性をみずから確立するため、至善という至高の到達点を設定して、いかなる事態にも動じずに対処しうるような、主体的自我を確立せんとするものであった。だが彼の儒学は、宋学では、宇宙の本体であり根本原理である理と、ある種のエネルギー源でもある気が、哲学的形而上学的《けいじじょうがく》意味を持っていたのに対して、気についてはほとんど言及せず、理についても現実の目の前にある道理とか義理にしか言及しないこととなり、「とらわれのない自然本来の自由な心境としての、主観的な悟道の世界」（金谷治「藤原惺窩の儒学思想」『日本思想大系第五二巻　藤原惺窩・林羅山』一九七五年）を求めるものであったのである。しかし、こうした限界を持ちつつも、惺窩が、理＝天道を心に内在するとし、具体的な現実社会を問題としたところに、近世的思想への出発点を認めることができよう。

林羅山

では、惺窩の高弟とされる林羅山は、いかなる思想性を獲得したのだろうか。

羅山は、朱子の形而上学によって、「人間と自然のうちに、ないしは人間と自然の外に実在して、人間と自然を生み支配する朱子学の天」、つまり「造物主であり主宰者」である天（太極＝理）を説く（石田一郎「林羅山」『江戸の思想家たち』上、研究社出版、一九七九年）。すなわち、羅山は、天の自然と人への内在化において惺窩と同じ立場に立つが、天を「造物主であり主宰者」と明確に規定した点で惺窩と異なっていたことが知られるのである。

羅山は、こうした天観に立って、現実社会における人間関係としての人倫の道を主要な課題にする。仏教排斥を強調した羅山は、現実世界こそが実なる世界であり真実そのものだと考えたからである。『長者教《ちょうじゃきょう》』にあった、「何事も、目に見る事を、本当とせよ」という意識は、同時代人である羅山にも共有されていたのだ。

ところで、羅山の人倫の道は、菅野覚明《かんのかくみょう》によれば次のようである（「人倫の道と日本の古代」『古学の思想』ぺりかん社、一九九四年）。すなわち、「天地造化」の本質は、「物を生ずること」にあって、物を生ずる心が、人に内在するのが「仁」である。この仁の覆う範囲は、仏教の慈悲や、のちの古学・陽明学の愛をはじめ、通俗文芸で好んで主題化された情愛、さらには猿の声に涙する芭蕉《ばしょう》の風雅から、本居宣長《もとおりのりなが》の「物の哀れ」まで、およそ近世に問題化された情愛のすべてにわたる広がりにおいて押さえられていた。そして、「人の心に仁が含まれていて、人が行うそれぞれに仁があらわれるのは、たとえば、ものの種がすぐに生え芽を出すことと同じだ。（中略）人の人たるは、仁の道があるのをいう」（『春鑑抄《しゅんかんしょう》』）という言葉を引いて、人と人の関係がこの世界の基本であり全体であること、すなわち、世界の基本的枠組は、神と人との関係でもなく、また仮のこの世と真なる浄土との関係でもない。現世における人間関係が世界の全体であるとする点で、近世の人倫的世界観を端的に表すものであった、とされる。

だが羅山は、仁＝愛を、天理を受けた人間の本性として認識し、その真実性を現実においてみようとしたとき、人間社会でのその矛盾・葛藤に直面し、善悪正邪の二元論（天理に従う本心と人欲の私に溺れた欲心）によって、それを整序する必要に思いいたる。そして、人間社会の既成の公的秩序に適応する愛のみが真実の愛であり、私的な情愛の偶発は愛の範疇から切り捨てられていくことになった、という。

羅山は他方でまた、『礼記《らいき》』の「飲食とか男女のことは、人の大欲としてあるのだ」という言葉を受けて、「男女」（性欲）を人の自然性として一応は承認する。たとえば、今日では羅山の創作という評価が通説となった『惺窩先生行状』にある「釈氏はすでに仁種を絶ち、また義理を滅す」という言葉、また「天地の間、男女なければ人倫はない。だから男女は人倫を生じる根本であるけれども、かえって人倫を乱して禽獣《きんじゅう》と同じようになることを誡めるなり」（『巵元抄《しげんしょう》』）といった言葉がそれである。

しかしそこでは、性欲は、人倫を生じさせるものでありながら、同時に、「淫」であり「大欲」として人倫を破壊するものでもあった。いいかえれば、理においては肯定されつつ、気においては制限されるべきものであった。そのため、性欲もまた、社会秩序の維持という観点から一定の限定がはかられねばならなかった。その意味では、羅山においてはまだ、人の自然性がそのものとしては肯定されていなかったといってよい。

羅山の理観

このように考えてくると、羅山は理をどのようにとらえていたかが次の問題になる。この点について日野龍夫は、羅山は、朱子学の祖述者としては「この理が明らかなれば、善悪はおのずから知られる」と書きはしたものの、「あらかじめ定めがたし」、「その時に臨んでの事なるべし」などと述べたそのときには、理が万能の規範であることを信じてはいなかった。この認識は、羅山における、理に対する心の主体性の回復、荒木《あらき》見悟《けんご》の用語を借りれば「自由の分」の回復に関わっていたが、羅山の手持ちの知識でこの認識を論理化するとすれば、この世の万事は相対的で喜怒哀楽するに価しないと説く老荘《ろうそう》の道に回帰するほかなかったはずである。つまり羅山は、心を「枯れ木のごとく、ひえたる灰のごとくせよ」（『童観抄《どうかんしょう》』）と述べているように、思念の起こる以前の平静な心を重視する立場であり、七情にわずらわされないよう心を空虚に保つ老荘の心法に共鳴していたのだ、という（日野龍夫「儒学思想論」『講座日本近世史9　近世思想論』有斐閣、一九八一年）。

こうした羅山の立場は、惺窩が、「心上の物（物欲）を格（去）れば、おのずからに明知が生発するぞ」といい、「物とは塵のことだ。鏡の中が清明であれば、一点の塵を去れば、明を待たずして明見するぞ。その鏡中の清明なるところを虚という。その中に霊あり。あるいは至善ともいう」（『藤原惺窩集』）と述べ、とらわれのない自然本来の自由な心境を求めた立場と同じ志向を認めることができる。つまり、いずれも心の主体性の回復という共通の願望を持っており、それを「流行」の側面においてではなく、心の「不動」（＝不易）なるあり方において実現せんとしていたことが知られるのである。この流れは、無私とか無妄、誠意を重視する立場で、近世を通じて生きつづけることになった。だが、この立場は、惺窩のもう一人の弟子で、思と活動を重視する那波活所によって克服されていく。

3　那波活所の思想

活所の略歴

まず活所の出自についてふれておこう。『長者教』にみえる那波屋の創設者九郎左衛門は、活所の父徳由《とくゆ》の弟である。活所の祖父祐恵《ゆうけい》は、一代で巨万の富を築いた姫路の豪商で、徳由も姫路の豪商であったが、祐恵の兄弟たちは、村にとどまって庄屋となり僧侶となっていた。つまり、那波家の人々は、中世末から近世にかけて体制的に進められた兵農分離の荒波を生きた典型的な中間層の人々であった（柴田純『思想史における近世』思文閣出版、一九九一年）。

活所は、文禄《ぶんろく》四年（一五九五）三月、播磨《はりま》国姫路に生まれた。幼少より学問にすぐれ、徳由にその才を愛され漢学の修得に励んだ。一七歳の時京都に居を移し、一八歳で藤原惺窩に師事した。二〇歳の時には早くも二条城で家康《いえやす》に拝謁するまでにいたっている。こうして元和《げんな》五年（一六一九）に惺窩が死去するまで、その側近にあって儒学の研鑽に励み、同門の林羅山や堀杏庵《ほりきようあん》（一五八五〜一六四二）などと親交を持った。元和九年には熊本藩主加藤忠広《かとうただひろ》のもとに出仕し、寛永《かんえい》七年（一六三〇）まで仕えた。熊本藩辞去後は、儒学の再度の勉学のみならず、漢詩文の勉学にも深く従事している。やがて、寛永十一年になり伏見で和歌山藩主の徳川頼宣《とくがわよりのぶ》（一六〇二〜七一）に拝謁し、和歌山藩に出仕する。以後は頼宣の側近にあって彼と行動を共にし、寛永十三年には五〇〇石の俸禄を受けた。同十六年頃から眼病を患いながらも、頼宣の側近として活躍し、慶安《けいあん》元年（一六四八）に五四歳で生涯を閉じた。

活所のこの略歴から容易に推測できるように、彼の思想は惺窩の思想を基本的に受け継いだものである。だが同時に、活所自身の思想的営為は、寛永七年から和歌山藩に出仕する同十一年まで続いており、惺窩学から自立している。それは活所の読書ノートである

『活所備忘録』から読み取ることができる。この書物は彼独自の主張がわかるので、活用して彼の思想的特質をみていこう。

活所の天観

まず活所の天観からみていく。活所のいう天は、究極的な道理そのものであるとともに、霊妙な働きを持ち、人知で測ることのできない主宰的存在である。だが、主宰的ではあっても、人に審判をくだすような主宰者ではなかった。天は「時運の自然」として自然の摂理そのもの、つまり自然の理法をさすのである。

では、なぜ主宰者ではありえないのか。「丁丑《ていちゅう》（寛永十四年）秋二月、われまた江戸にあり。六日夜、細川越中忠利《ほそかわえっちゅうただとし》宅に雷が震う。撃つところの者数人。撃たれた者は正人君子なるか、それとも凶悪淫盗なるか。いったい家臣はその主君の腹心爪牙手足だ。そういう家臣が雷に撃たれたこの事態に、天の意志があるのだろうか、それともないのだろうか」。ここでは、家臣が正人君子か凶悪淫盗かにかかわらず、家臣は主君にとってかけがえのない存在だという、いわば人間的世界の論理を設定することで、天意の所在に不信が表明されている。すなわち、不条理な自然現象に対して、天意を想定し諦念してしまうのではなく、あくまでも人の立場でその意味を考えようとしていたことがわかるのである。

だから、「悪人が福を受けて、善人が禍を受ける」という不条理な現象を人の言行に還元し、天＝理に基づいて道徳的に断罪する立場を取らないことになる。

寛永五年、老中の井上正就《いのうえまさなり》が目付の豊島信満《としまのぶみつ》に、江戸城で婚約違変の遺恨のため刺殺され、また同年、惺窩の高弟菅得庵《かんとくあん》（玄同）が、弟子安田安昌《やすだあんしょう》に悪口雑言を加えて殺された。この二つの事件について、活所は次のように論評する。すなわち、正就や玄同のようにいかに許し難き言行をしても、人はふつう、「父と子の関係や妻と子の関係があって」、「歯をくいしばって忍ぶ」ため、その道徳的悪がそのまま直ちに身の破滅にいたらない。しかし、正就や玄同が殺されたとするなら、それは彼らの悪しき言行によるのではなく、むしろ「時勢」によるのであり、「幸不幸」を判断基準にすべきだというのである。このように活所は、自然現象や人間的世界の問題を考える際、天の審判者的性格から直ちに説明するのではなく、人間的立場で改めてとらえ直す視点を設定する。活所の独自性はこの点にあったのである。

それでは、活所は天と人の関係をどのようにみていたのだろうか。

天はそれ自体で是非の心が生じるような存在ではない。天が人に愚かさを与えたとしても、人はこれをどうしようもない。しかし、善悪を知りながら、善を行わず、悪を除去しないのは人なのだ。それは天が人に善悪を知る智を与えても、人が智恵を有効に活用させないからだ。その結果、天と人の関係が切断されてしまう。

ここでは、人は善悪の認識能力を天賦のものとして与えられている。だから、それをいかに活用するかはまさに人自身の問題なのだと主張している。右の活所の言葉は、人知への強い自覚と信頼を表明しているといってよい。活所のこうした考え方が、鍋島直茂や池田光政、井伊直孝らの主張に連なっていくことはいうまでもない。

感通を本質とする人間的生

ところで、活所はまた儒者一般の見解にならって、人を含めた万物が陰陽二気の交合（「感通」）によって生じた存在だとする。たとえば、感通とは、具体的には次のようなことである。

ある人が私に問うていった。釜が煮られて伴（副作用）をなすのを聞き、炉が焼かれて伴をなすとこたえる、どういう意味かと。答えていう。活動ということだ。あなたは試に死灰（完全に冷え切った灰）に向かってみなさいと。またいう。流水が伴をなし、止水が伴をなさず。人の語を聞きて記し（心に深く刻みつけること）、紙上に読みて記さず。またこの理なり。友に聞きて記さず。師に聞きて記す。我が心また活動なり。

釜が沸騰し炉がやけると、釜はものを煮ることができ、炉はものを焼くことができる。そうした作用は、にえたぎった釜ややけた炉が「活動」しているからにほかならない。それは、死灰がもはや何の作用も他物におよぼさないことをみれば明らかである。流水と止水の比較も同様である。物にこうした活動性があるように、気において同じ人もまた同様な活動性を本質とする。だから人は、互いに心を通じあわせることができるのだ。「我が心また活動なり」とは、心が常に活動して、他者や物に共鳴することをいうのである。いいかえれば、人は万物と同じく陰陽二気の感通によって生じた存在である。だから、人は心中常にものに感じ共鳴する活動性を備え、人間相互の共感が可能であるにとどまらず、動物や植物だけでなく、さらに自然の万物と共鳴し、それらと心を通わすことも可能だというのである。だが死物は、全く活動性のない存在、したがって他者に全く働きかけをしない存在なのであり、その意味で無価値だとされる。人が天の万物化育の事業に参加できるのは、人がこうした活動性を本質にするからなのであった。その意味で「天人一なり」、つまり、天人合一が主張されるのである。

そうした感通を本質とする人間的生は、死が避けられないのと同様に、「好色」（性欲）を本質とし、それは「天地の常理」なのであった。こうして、性欲は人の自然そのものとして肯定されることになった。それのみならず活所は、陰陽二気の感通によって、さらに「淫声美色」に類する書画詩文をも積極的に肯定していく。

我は仏教書を糞汁臭水のごとくみる。程伊川《ていいせんいわ》曰く、淫声美色を如何せんと。我は知らない。彼の説はもとより然らんか。しかし、我は淫声美色のごときものを好む。すなわち、法帖古画、好詩好文これだ。

右の史料は、中国の有名な儒学者である程伊川が、学者は仏説を淫声美色のごとく遠ざけよと説いたことを念頭においた言葉である。活所はこうした程氏の主張に対して、あえて淫声美色に類する書画詩文を好むというのである。活所がここで書画詩文を肯定した意味は、それが、人間相互の感通を前提にしてはじめて可能になるからである。すなわち、書画詩文は、気を第一にする芸術だから、作品の巧拙は作者が自己の気をいかに純粋化できるかにかかっていると同時に、作者と受け手との共感・共鳴を前提とする芸術でもあるからだ。こうして活所は、人間的生の本質を感通とみ、性欲のみならず書画詩文のような芸術をも肯定するにいたるのである。

存誠とは

ところで活所は、紀州藩の家臣長谷川周綱《はせがわしゅうこう》に「存誠」とはどういうことか、と尋ねられ、次のように答えた。

存誠は、邪心をふせぎとめたところで実現される。もし邪心がふせがれることなく、したがって、誠が実現されていないとすれば、そのような人は人ということができない。なぜなら、その場合人は互いに信頼をもって談笑しあうことができないからである。ましてや、職分上の大事を遂行するにあたっては、かかる誠を実現していることがぜひとも必要なのである。

この「存誠」という言葉は、『易』の「邪を閑《ふせ》ぐそれ誠を存す」をふまえている。『易』のこの箇条は、君徳についていったものだが、活所はそれを一般化して、人が人として互いに共感し共鳴しあう根拠だと主張している。活所が人間的生は感通を本質とし、それを前提にして人は互いに共感することが可能だと主張していたことをふまえれば、そうした人と人の間の共感が現実社会で可能となる根拠が存誠にあるというのである。存誠が人の互いの信頼や共感を保証するといってもよい。そのうえで、存誠は、武士が自己の職分をつつがなく遂行するうえで欠くことができないとされたのだ。

出処進退

存誠は、武士が自己の職務をつつがなく遂行するうえで不可欠だとされたのだが、これはどういう意味なのだろうか。近世初期の武士にとって、最大の関心事は出処進退の問題であった。そのため、活所もまたこの問題に強い関心を持っていた。彼は次のように述べる。すなわち、自己を知らず他者を知らずして出仕すれば、結局は自己の節操を見失ってしまう。だから、出処は人の一生にとってきわめて大切なのであり、その人の「賢愚」は一にかかってこの出処の問題にどう対処するかにある。ましてや、「主とする所の人」がどんな人物かを知らなければ、どんな災難にあうかわからない、と。つまり、主人と従者の一般的関係においても問題にされていることがわかる。

活所は、主君と臣下の関係について、臣下は、有能な主君でなければ君臣関係を解消して、君主のもとを去るべきだとし、いわゆる君臣義合（主君と臣下は後天的な義で結びついた関係）の立場で君臣関係をとらえていた。だが、当時の武士の姿について、活所は、清水坂の乞食の姿をみた際、次のような感慨を語っている。

当世の武士は、手足の不自由な乞食と同じで、言うべきことを言わず、行うべきことを行わない。同様に当世の富者は、出費すべきところに出費せず、仲間に施すべきところに施さない。すなわち、手足の不自由な乞食は、その憐愍《れんびん》を誘う姿によってかえって多くの喜捨を与えられ、生命を維持し得てはいる。しかし乞食は、それと引きかえに、自由に手足を動かしたり、首をあげて周囲を見渡したりすることができないでいる。当世の武士や富者はこの乞食と同じである。なぜならば、武士は仕官に汲々《きゆうきゆう》として、言いたいことも言えず、行うことも行えないし、富者は金を蓄えることに汲々として、出費すべきところに出費せず、仲間に施しを与えることもしないからである。

自由に手足を動かすとは肉体的な自由をさし、首をあげて周囲を見渡すとは精神的な自由をさす。また前者は自己一身に関わる問題であり、後者は社会的実践に関わる問題だといってもよい。すなわち、当世の武士や富者は、自己一身の問題に汲々として、精神的なのびやかさを喪失し、社会的問題を自己の問題とすることができなくなっているという。いいかえれば、武士や富者は、自己が社会的存在であることを忘れてしまい、はたすべき役割を見失っているというのである。

活所は他の箇所で、「孔顔の道統」つまり孔子や顔回《がんかい》の道は、「用舎行蔵《ようしやこうぞう》」すなわち出処進退を良くすることに尽きるとまで言いきっていた。活所が右のような武士や富者のあり方に対して、用舎行蔵を強調したのは、彼らに人とは社会的存在であり、そこでいかに生きるべきかが、きわめて重要であることを教えんとしたからなのであった。それは、活所が、武士は治政に参加すべきだと考え、武士に一定の自立を期待していたからであった。

ましてや、武士が一定の自立性を持つことは、治者の側からも要請されていた。活所の仕えた徳川頼宣は、家臣団が一定の自立性を持って主君に奉公し、民衆の教導や支配にあたるべきことを教化していた（柴田純『思想史における近世』）。だから活所は、後述するように、独特の中人論を展開することで、中人たる一般武士の向上可能性を提示しつつ、彼らの主体性を引きだそうとしたのであった。

ところで、活所は、用舎行蔵が内面の涵養《かんよう》によって到達される最高の境地だと次のようにいう。

孔子や顔回にみられる用舎行蔵の態度は、まさしく自然そのものである。かかる境地にいたる工夫は、老子《ろうし》や僧侶がともすれば人のふみ行うべき道徳としての綱常を忘れたり、蘇秦《そしん》・張儀《ちょうぎ》の徒がともすれば盗賊を助長したりするようなことをせず、浩然の気（天地の間に充満しているいたって大きくいたって強い気）を養うことだ。

すでに述べた「存誠」は、かかる意味の「自然」とほとんど同じ内容をさし、いわば「行雲流水《こううんりゅうすい》」のごとき態度で生きることを意味するのである。

自然体に生きる

したがって、活所の理想は次のように表現される。

陸象山《りくしょうざん》は常に人に問うた。近日精健であることを覚得するや否や、胸中快活なるや否やと。この言葉は孔子や顔回の楽しみをもって、後輩を喚醒《かんせい》（めざめ）させるものなり。先賢の恵み、何とその深厚なることだろう。

右の精健とか快活は、心が強靭《きようじん》でしかも心中活き活きとして日々生活することである。すなわち、そうした日々の生活によって、浩然の気が養われ、生を十全に生きることができるという。「孔子や顔回の楽しみ」とは、まさにそうした生活によって自己の生を日々十全に生きることなのである。

活所の右のような見解は、彼の次のような生命観に基づいていた。

対斜という言葉に跋文《ばつぶん》をしていわく。斜日に対して日を愛し、斜日に対して感懐を興す。ともに丈夫（しっかりした者）のことだ。意を老仏に傾けている者の知る所ではない。

夕日をみて死を連想し悲しみにおちいるのではなく、夕日に向きあってなお日を惜しみ、自己の生を十全に生きるべきことが主張される。すなわち、死に向きあいながら、しかも自己の生を懸命に生きることが大切なのだというのである。人は生きて在ることがすべてであり、いかに生きるかが問題なのだといってもよい。したがって、孔子や顔回の楽しみとは、こうした精健を感得し、日々快活に生きることを前提にし、しかも行雲流水のごとき自然体で自己の生を十全に生きることを意味する。活所が用舎行蔵を孔子や顔回の道と強調したのは、まさしくそれが自然体に生きることの別の表現だったからなのだ。

一才一芸の肯定

では、活所は、書画詩文をなぜ積極的に肯定したのだろうか。もう少し立ち入って考えてみよう。活所は、文章において「義気」を重視する。義は義理や道義をさし、政治や冠婚葬祭といった場で必要とされる「公器」の性格を持つこと。つまり、人が夷狄《いてき》の状態を脱した文明生活を行ううえで不可欠なものだからであり、気は、気質や精気をさし、人が禽獣とわかれ、人間的生を無味乾燥としたものではなく、豊かな生を享受するために、人間的私情を豊かに表現するうえでぜひとも必要だと考えたからである。

たとえば活所は、李白《りはく》や杜甫《とほ》を讃美して「李白と杜甫が詩人の冠冕《かんべん》（第一人者）である理由は、彼らの詩が、胸襟が広く大きいからである。彼らの詩はみな自然に流出して、按《あん》排《ばい》を必要としないからだ」という。両者の心中が広大で、精妙な神気が実現され、その詩は水の流れるごとく自然に湧き出で、全く作為的に按排されていないからなのであった。活所が行雲流水のごとき自然体を重視したことを想起すれば、李・杜の詩を理想としたことは必然的な成り行きなのであった。

活所はまた、次のように主張する。

一才一芸に秀で、天下に自己に匹敵する者がいないことを知り、自己の能力を信じ自己の才芸を楽しむ者は、世人の喧騒や世俗の雑事を気にしない。詩における李・杜などはその例である。ましてや、孔子や顔回の至楽を知った者であれば、それはいうまでもない。

儒者である活所が孔子や顔回の至楽に最高の価値をおくことは当然だが、同時に、一才一芸に深く達した者がそれと同様の境地にいたりうると主張したことは重要である。なぜなら、ここでは詩文もまた、それ自体として一定の意義が与えられているからである。すでに述べたように、『徒然草』では、才芸は否定的にとらえられていた。だが、活所によって一才一芸が積極的に肯定されたことで、才芸の自立がここに始まる。すなわち、活所の一才一芸を肯定した芸術論は、人が自己の力を自覚して、人の力に絶大な信頼を持つにいたった、近世社会にふさわしいものだったのだ。それゆえ、活所の芸術論は、十八世紀の文人社会の出現を思想的に準備したといえるのである。

動中静有り

次に、書画についての活所の見解をみてみよう。活所の書論も詩文論と同じく気が中心になっている。たとえば次のようにいう。「書は気が第一で、形は副次的にすぎない。気に基づいた書は、おのずから形も剛壮になる。顔真卿《がんしんけい》などの書がこれである。王羲之《おうぎし》の書は、あたかも気を忘れ形のみのごとくみえる。そのため、書に通じない者は、王羲之の書が気を第一にしていることを知らず、ただ彼の書の模倣に終始するのみである。老年になるまで書に耽《ふけ》り結局上達しないのは、この事情を知らないからである」という。活所が書においても気を重視していたことは明らかである。活所は気によって何を表現しようとしたのだろうか。次のように主張する。

書は、気を第一にすれば、字形や字勢を個性豊かにさせ、型にはまることがない。しかし、形を第一にすれば、字形も字勢も全く同じで、型にはまった字とならざるをえない。それは、あたかも人形がまばたきせず、あくびやのびをせず、うつむいたりあおむいたりしないで、一生を終えるのに似ている。気は神、つまり人に賦与された霊妙な精神の働きにほかならない。

すなわち、書もまた、人間的生が感通を本質とすることと深く関わっているのであり、そこから人の個性を大切にすべきことが主張されているのだ。それは、人が活動性を全く失った死物たる人形と区別されるべき点なのであり、書が人の人としての営為である証しなのである。

だが、活所のいう活動とは、一般的な意味での活動ではない。一定の法則にかなった活動は究極のものではなく、草書のような「方あり方なき」がごとき書、いわば行雲流水のごとき自在の極致に到達すべきことを、強調していた。活所の書の理想は、人の個性的な神気が十全に実現されたとき可能なのであった。したがって活所は、動的側面のみを一面的に強調するのではない。たとえば次のようにいう。

生静という言葉に跋文していわく。緑陰に生まれる昼の静けさ、古今の絶唱なり。この二字をとり、もって壁に掲げ、旦暮《たんぼ》これを観る。景情の偶合（めぐりあわせ）、造語の奇妙（不思議さ）、どうして知り難いことがあろうか。いやそんなことはない。

この跋文は、夏の青葉が繁茂する木蔭に、昼の一とき静寂が訪れたさまをうたった句を絶賛したものである。いいかえれば、万物を育むまばゆいばかりの生の世界（動）を象徴する自然のなかに一瞬の静寂（静）をみつけ、両者を対比することで、静もまた生の世界にとってはなくてはならない自然だとするのである。一瞬の静寂のうちに動的世界の源を見るといってもよい。すなわち、活所はいわゆる「動中静有り」を重視する立場にあり、その立場が書論に適用されたのである。

活所のかかる書論は、彼の儒学思想と不可分な関係にあるだけでなく、詩文論とも密接な関連を持っている。

少陵（杜甫）の詩、羲之の書、千変万態、尽さざる所なし。人はただまさに観ざるのみ。山谷《さんこく》・後山《こうざん》・簡斎《かんさい》、顔魯公《がんろこう》・顚張《てんちょう》・酔素《すいそ》・蘇・米、各々自ら斬新臻妙《しんみょう》といえるけれども、すべて杜・王の範囲の内を出でず。

杜甫の詩や王羲之の書は、千変万態それぞれの奥義を極めている。だから、黄庭堅《こうていけん》ら宋の詩人や顔真卿ら唐の書家は斬新ですぐれているとはいえるけれども、所詮それらは杜甫や王羲之を超えるものではないというのだ。千変万態が、行雲流水や動中静有りといった言葉と内容を同じくしていることは明らかである。翻《ひるがえ》って、活所がこうした境地を理想としたのは、人が陰陽の感通によって生まれた存在として、互いに共鳴し交感する存在であると同時に、本来個性を異にする存在でもあると考えていたからにほかならないのである。

思を強調する立場

ところで、人は、陰陽二気の感通によって生まれた存在であるとともに、天理を与えられた存在でもある。つまり人は、天によって「性の善」＝理と「浩然の気」＝気とを与えられた存在なのである。その際、「性善浩気は二物にあらず」とか「理気本と一なり」とあるように、両者は分かちがたく結びついていたが、同時に、「理は知に属し、気は行に属す」ともされる。理は知に属すとは、人が天理を認識する能力を天より与えられていることをさす。だから、「智なるは、羞悪の本、至楽の根なり」とか「羨む所のものは智のみ」とされるように、人は智を最大限に活用し、人間的諸問題を主体的に解決していくべき存在なのである。他方、気は行に属すとは、人間的生の本質が活動性にあり、意念の活動を含めて、人は行為する存在だということである。こうして活所は、いわゆる知《ち》行合一《こうごういつ》の立場を強調していくことになる。では、活所の究極的立場はどのようなものか。

　言行の悪は、思わないことから生ずる。思えばすなわち気が静まって、理が明らかとなる。だから、喜怒哀楽がいずれも発してちょうどよい節《ふし》にあたる。学の功績はもとより大きい。しかし、思の善はどうして学より少ないといえようか。いやいえない。（中略）僕の工夫はこの一字（思）に止まる。

すなわち、言行、つまり知行合一は、学問（読書）と思索（内省）によって実現できるという。これは『論語』の「学んで思わなければ則ち罔《くら》し、思いて学ばなければ則ち殆《あや》うし」をふまえた言葉だが、思が学と同等の価値を持つとしたことに注目したい。島田《しまだ》虔次《けんじ》が宋学の特徴として「思弁主義」、つまり「ひろく知識を求めるよりは、深く思索（実践）しようとする態度」（『朱子学と陽明学』岩波新書、一九六七年）を指摘したように、宋明学でもそうした傾向はあったが、あえて思が学と同価値だと宣言したところに活所の面目がある。ただし活所が、『論語』のいわゆる四絶、「意必固我」（恣意、無理押し、固執、執着）をふまえていたことはいうまでもない。

右の思は、ひらたく言えば、考えるとか、工夫、才覚、思案などをさす。たとえば工夫は、本来、①「てま、労力」の意味で、やがて、②静座の工夫といった用法の「実践的てだて」の意味となり、さらには、③「熟考して事に対処するてだてを練ること」の意味になった。近世では、②と③の用法が併存するが、次第に③が多くなり、現代では③の用法で頻繁に活用されている。また才覚は、吉田兼好の段階では否定的な用例が多いが、戦国時代頃から肯定と否定が半ばとなり、近世には肯定的な用例が多くなった。活所は、思を重視することで、人が事にあたって深く主体的に考え抜くことの大切さを訴えたのである。

生意の強調

活所は、天に対して人間的立場を強調することで、人格的審判者的天を懐疑して理法的天へと変化させ、活動性を強調する一定の人欲肯定の立場から、人は天賦の智によって、主体的に人間的諸問題を解決していくべき存在なのだとするにいたった。こうした活動＝生意を強調する活所の思想は、心の不動なるあり方に重点をおく惺窩や羅山とは異なり、流行により重点をおいた思想だといえる。惺窩や羅山の思想が明鏡止水的だとすれば、活所の思想は行雲流水的といえるだろう。そうした点を念頭において、さらに近世という新しい時代にふさわしい活所の中人思想をみていこう。

4　活所の中人思想

中人思想とは

活所の思の重視は、宋明学の「学んで聖人に至るべし」という共通のテーゼをふまえて、現実の世界で大部分を占める「中人」の向上可能性を追求した中人思想へと結実していった。活所は、過《あやま》ちにどう対処するかの姿勢によって、人を五段階に分類した。すなわち、「至聖は過ちなく、大賢は過ちを改める。中人は過ちを改めるに吝《やぶさ》かにして（なかなか改めようとしない）、下愚は過ちを文《かざ》る（いろいろ取り繕いごまかしてしまい、結局改めることがない）。至愚は過ちを知らず（全く気がつかない）」と。この言説は、「中人以下、下愚は移らず（『論語』の言葉）の語は、厲《れい》（きびしすぎる）にあらずや」という孔子への反発と、藤原惺窩の「上士は達して憂いなし、下士は愚かにして憂いなし、憂いのあつまる所はまさに中人に在らんか」（『藤原惺窩集』）という言葉をふまえて成立したことが、まず指摘できる。

さて、中国では、性三品説《せいさんぼんせつ》がすでに漢代の王符《おうふ》や荀悦《じゅんえつ》によって説かれていた。王符の性三品説とは、身分的な高下、職業的な貴賤、経済的な貧富などとは全く無関係に、いっさいの係累を拭い去った人そのものについての類別で、独立した個人の価値を確認せんとする意図から生み出され、三類別のうち最大多数を占める正性と邪性をあわせもつ中人（「中庸の民」）に専ら関心があったとされる（日原利国『漢代思想の研究』研文出版、一九八六年）。

すなわち、人間的諸問題を主体的に考えようとした活所は、現実の社会のなかで最大多数を占める中人の問題を自己の課題としたとき、こうした性三品説によりながら、みずからの思想的営為を進めていったのだ。中人の問題は、近世初頭の社会が人の力に大きな期待を寄せた時代であったことを想起するとき、中間層出身であった活所にとって重大な関心事であったと考えられるからである。最晩年の正保三年（一六四六）、『活所備忘録』の末尾の言葉が、「中人とは何であろうか、心に聖学を知り、みずから五倫（儒学で人が常に行うべき五種の正しい道）の類を行う」とあることは、それを最も端的に物語っている。

厳しい現状認識

活所は、悍高と同様に厳しい現状認識を懐いていた。たとえば「今の世で身を処するには、狡猾《こうかつ》で邪曲であることが最もよく、賢明で実直であることは最悪だ」といっている。こうした逆説的な現状認識に立ち、活所は盗賊を例にして次のように記す。

古の盗人は智なり。盗みが正しくないことを知っているからだ。今の盗人は愚なり。盗みが正しくないことを知らないからだ。古の盗人は直なり。人がその盗みの行為を警告すれば、すなわち低頭垂涙して愧《は》じいっていう。二度としませんと。今の盗人は曲なり。人がその盗みの行為を警告すれば、すなわち目をいからして怒っていう。決して盗んでいませんと。謂《い》う所の之を如何ともするなきのみ。数十年間、余の見るところかくのごとく変わる。他事は述べずして知れる。悲しきかな。

現在は盗人でさえ自己の非を全く知ることがなく、盗みの行為を反省する端緒すらなくなってしまっているため、彼らを善道に導くすべがなくなったことを慨嘆しているのだ。「至愚は過ちを知らず」とはこの意味の言葉なのである。右の慨嘆は、いいかえれば、活所は何らかの反省の念を持つ人であれば、その人を善的方向へと向かわせることが可能だと考えていたことを示している。

この文章が活所晩年のものであったことを想起すれば、最後の言葉は活所の深い悲しみを物語っている。しかし同時に、現実には多くの人々がかかる反省の念を一時的にせよ持つであろうと推測するとき、活所が善的方向へと導かんとした中人の範囲は、きわめて広範囲にわたることが想定される。また、「之を如何ともするなきのみ」は、『論語』の「これを如何（どうしよう）、如何といわなければ、吾これを如何ともするなし」をふまえた言葉だが、朱子は、「これを如何」を「熟思して審処」（『論語集注』）、すなわち、じっくり考えて念入りに処理すると解釈しており、活所はそれと異なった理解に立っている。朱子の解釈がいかにも士大夫《したいふ》らしいとすれば、活所の解釈は、盗人であれ少しの反省の念さえ持っていれば、彼を何とか救わんとする意図から生まれたのだといってよい。

　したがって、活所のいう過ちとは、一般的かつ偶然的に起こる過失ではなく、現実の意志的行為であっても、そこに何らかの反省的契機があれば、これをも含めんとした言葉だといえよう。このように理解するとき、人を五段階に分類したことは、活所ができる限り中人の範囲を拡大させんとした結果なのだということができる。それはまた、活所が、楽と憂いをあわせもつ中人を何とかして善的方向に向かわせんと思索した結果なのだといってもよい。活所のかかる認識は、「風俗が時代のなかで変わるのは、なお水の熱におけるがごとし。ただ一時のことのみ」とする意識に支えられていた。すなわち、現在の風俗の頽廃は、単に一時的な現象にすぎないというのである。

中人の向上可能性

こうした認識を持つ活所が、儒者として中人の問題を自己の課題としたとき、上智・中人・下愚の三分類ではなく、あえて自己の過ちへの対処の仕方を基準にして、至聖から至愚にいたる五段階に分類したのはなぜだろうか。それは、「心に聖学を知り、みずから五倫の類を行う」ことが可能な中人に対し、道徳的向上の道を具体的にさし示すことにより、中人自身を「修己」に努めさせんとしたからなのである。「学んで聖人に至るべし」とは、宋明学の根本テーゼであり、活所もまたこのテーゼを共有していたはずだからである。

ところで、活所もまた中人であったことは、活所の「修己」が自己の内省のみで実現されるのではなく、中人の教化という社会的実践と分かちがたく結びついていた。堯《ぎょう》・舜《しゅん》の理想が「天下は天下の物なり、我はただこれに安んずるのみ」とされ、民衆のあり方から世の治乱盛衰を知りうるとされるとき、「孔顔の徒」を自称する活所は、中人の教化を自己の課題とせねばならなかったはずだからである。たとえば、和歌山藩に仕えた活所が、藩主頼宣を直諫（遠慮なく相手の非を指摘して諫めること）によって善道に導いたことは、自己の研鑽を通じて「天下国家に答える」一つの社会的実践にほかならなかったのである（柴田純『江戸武士の日常生活』）。

翻って、人が天地と合一するとは、人が天地の万物を化育する事業に参加することであった。この点について活所は、唐の詩人李端《りたん》が、老人の松をきりもりするのを見て、老人の心が理解できないと批判した文章について、次のように記す。

> 世にもとよりこれらの事は多い。いやしくも理にあたることがあれば、誹《そし》るべきではない。事勢利鈍は論ずべきでない。自分が治国平天下の書を読むのは、なお老人の松をきりもりするのと同じだ。これを可ならずといえようか。

松を手入れすることは、天の万物化育の事業に参加することであり、治国平天下の書物

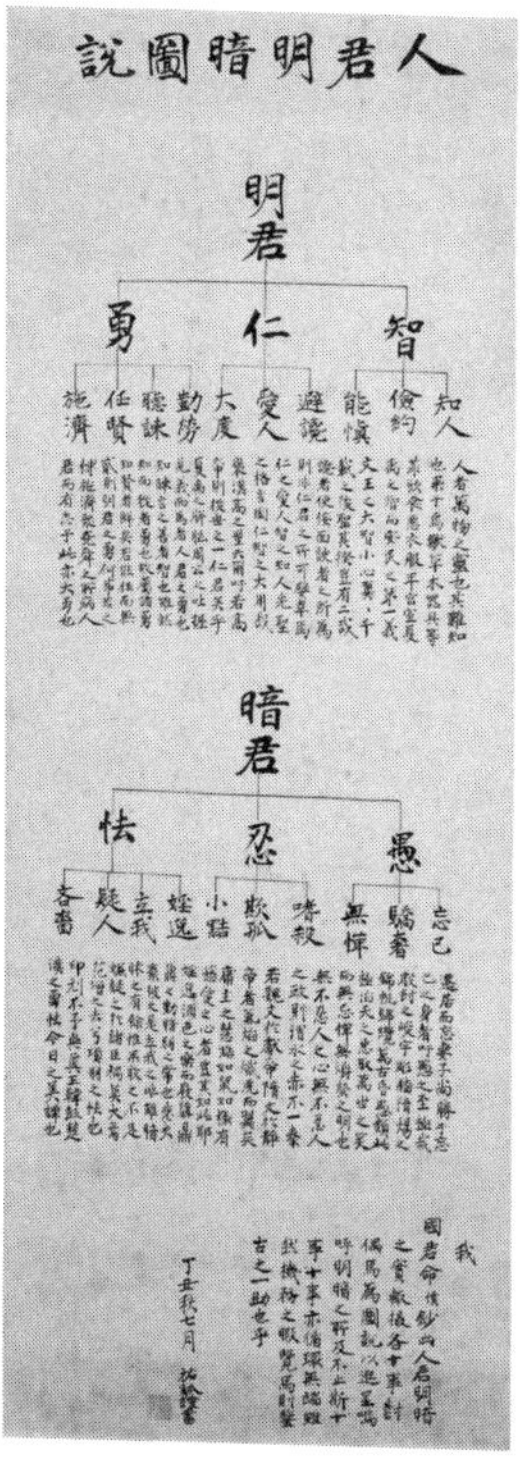

図5 「人君明暗図説」（玉川大学教育博物館蔵）
活所が，君主たる者の必須条件を，頼宣の命で書いたもの．紀州藩では，歴代の世子に対する教導のテキストとして重用された．

を読むことと、理においては同じだというのだ。こうした活所の理観が、中人を善的方向に導くことを自己の使命にさせたのだといってよい。しかし、活所がこの自己の課題を実現するためには、自己の工夫を通じて「孔顔の楽」を共有するまでに自己を鍛錬させねばならなかった。そうした鍛錬の道しるべが、本節の最初に引用した言葉でもあったのだ。

活所の過ちは、意図せずに行った過失のみをさすのではなかった。現実の社会的実践や日常的な行為は、不断にくり返される内省を通じて自己点検されるべきなのだが、現実には自己点検を誤った行為が当然生起するのであり、このような結果的に悪になってしまう具体的な行為が過ちとされたのである。その際、すでに述べたように、活所の過ちには、盗人の自己反省であっても、人が自省の念を持つかぎり、その者は聖人へと向上可能なのだとされていた。それゆえ、活所の立場は、王陽明のように倫理的な正しさを具体的な時と場に結びついた決断や動機のなかにみるのではなく、動機ばかりかその結果についても内省を不断にくり返すことで、自己の行為と主体的な関わりを保持しつづけようとする趣旨から生まれたのだともいえる。いいかえれば、動機と結果とを連続的にとらえつつ、自己の内省を不断に行うことで、自己を内面的に高めていこうとする工夫だったのである。

社会的中間層の登場

さて、近世になって、こうした中人の問題が重視されてくる事情を述べておこう。たとえば、山鹿素行《やまがそこう》（一六二二～八五）は、「上知と下愚は、二五《にご》のあつまる純粋至雑な人々で最も稀有である。大概は中人のみである。中人は専ら教えによって格物（窮理）すれば、その知はおのずから発揮される。聖学の功績だ」（『山鹿語類』）と述べる。この素行のように、近世にはたびたび中人の問題が取りあげられるようになる。

また今田洋三《こんたようぞう》は次のように指摘している。すなわち、享保～宝暦《ほうれき》の頃から、「中以下」「中より下」なる階層意識が成立してきたこと、天明七年《てんめい》（一七八七）の江戸での打ちこわし直後に成立した『麦の落穂』では、飢渇《きかつ》のせまった「中以下」の者の打ちこわし行動を、天明期の危機的状況下においては当然のこととして記述していること、さらにそれ以降、世の識者の間に、「中以下」と「世直し」行動との結びつきが一般的に意識されるにいたった、と（「江戸の災害情報」『江戸町人の研究』第五巻、吉川弘文館、一九七八年）。

右の今田の指摘から次のことが想定できる。すなわち、活所の中人思想は、それ自体は倫理的立場での人間観にすぎないが、そこでは、出自や身分、地位によって人の価値を決定する立場とは全く異なる基準で、個としての人の価値そのものが問題にされていた。ところが、やがて近世中期になると、経済的立場からいって中以下なる人々が、一定の階層意識を持って行動するようになったことが知られる。こうして、社会的中間層が、倫理的にも経済的にも独自の行動をとるようになっていった。そして彼らは、みずから考え、工夫しながら、自分たちの生活を拡大させていくのである。

5 伊藤仁斎と荻生徂徠

伊藤仁斎

ところで、近世の思想史では、伊藤仁斎《いとうじんさい》（一六二七〜一七〇五）と荻生徂徠《おぎゅうそらい》（一六六六〜一七二八）が有名である。この二人は、「思」の近世社会での拡大を主題にする本書の立場とどう関わるのか、次に検討しよう。

仁斎の思想は、気の重視や活動の強調、人間的生の鼓吹《こすい》、他者志向的な存誠の強調、人情世態の重視、詩文論での公安派への接近など、活所思想の影響を受けて成立した（柴田純『思想史における近世』）。活所と仁斎は右のような影響関係を一方で持ちながら、活所が天人合一の立場をとっていたのに対して、仁斎はそれを否定して、天道と人道を分離させた。なぜか。それは仁斎が天の主宰性を認めていたことと深く関連している。

仁斎は、宋明学が理の普遍性に基づいてその思想を構築したのに対して、これを否定し、かわって聖人たる孔子の書『論語』を「最上至極宇宙第一の書」（『童子問』）と規定し、この書に基づいて自己の思想を構築した。しかし、仁斎自身が「聖人もまた人のみ」（『童子問』）と述べるように、孔子は聖人中の第一人者たるにすぎなかった。それにもかかわらず、『論語』が究極の典拠であるためには、『論語』は主宰性を持つ天が聖人孔子に命じて生まれた書であると、天の主宰性によって絶対化させねばならなかった。だから、学ぶ者は、『論語』を信じて「徳行」に励むべきだとされる。その結果、活所とは異なり、「思」が重視されることはなかったのである。

仁斎は「工夫」という言葉を頻繁に使うが、「熟考して事に対処するてだてを練ること」といった用法はなく、専ら「実践、修養、努力などの行為として労力をついやすことに使う」（『日本思想大系三三　伊藤仁斎・伊藤東涯』語孟字義「功夫」の補注、岩波書店、一九七一年）とされる。だから、「人がもし志を立てて戻ることがなく、努力し学んで退屈することがなければ、聖人となるだろうし、賢人となるだろう」（『童子問』）とあるように、『論語』を信じて学問に励み、たゆみなく努力しつづけることが大切であり、「徳行」を本にすれば、「思索」は特に必要ない（『童子問』）、とまで主張するのである。

荻生徂徠

徂徠は、仁斎の立場を継承しながら、仁斎の『論語』に代わって、「先王」がこの人間的世界を万全に営むために制作した「礼楽刑政《れいがくけいせい》」がすべての典拠なのだから、「先王の道」を信じて、それに基づいた政治を実践すべきだとする。しかし、「先王」もまた人である以上、「先王の道」の普遍性が別の何かによって保証される必要があった。そのため、「帝もまた天なり」(『弁名』)と天帝概念を持ちだし、天帝の主宰性によって「先王の道」を保証したのだ。

だが、徂徠は、「思」に対しては仁斎と異なった対応をした。田尻祐一郎が、「徂徠は、後々まで『管子《かんし》』の『これを思えこれを思え、また重ねてこれを思え、これを思いて通じなければ、鬼神まさにこれを通さん』(『打業篇』)という一節を好んで引くが、学ぶということは、誰かに教わることではなく、自分で思い悩み考え抜くことなのである」(『荻生徂徠』明徳出版社、二〇〇八年)とまとめているように、ひたすら「思う」ことの重要性を主張していたからである。

しかし、徂徠の「思」は、聖人や君子、老中や若年寄など一部のエリート集団である「上知」の人に求められたのであった。井伊直孝が、世子や家老衆など藩の中枢の人々に、よく考えて政策を実行するように求めていたのと同様な態度であって、当然のごとく民衆が念頭に置かれていたわけではない。徂徠によれば、民とは、「みずから考え自得する」者ではなく、「愚かな者」で、奉行が「仕込むべき」存在にすぎないとされる（『政談《せいだん》』）。それゆえ、『論語』の「中人以下」の注釈で、「聖人は人を強制するに、その知の及ばざるところをもっては強制しない」（『論語徴』）と述べる。すなわち、みずから悟ることのない愚民にあれやこれや喧《やかま》しく呼びかけても無意味だと主張する。つまり、民衆は治術の対象にすぎず、民衆の「思」は全く想定されていなかった。徂徠の「思」の重視は、当時の幕閣の人々の考え方を追認したにすぎなかったのである。

仁斎が「思」を重視していなかったこと、徂徠が「上知」の「思」を重視しながら、民衆の「思」は全く想定していなかったことがわかる。右のような立場からは、民衆が「思」を通じて自己の主体性を拡大させていく道は閉ざされていたといってよい。仁斎・徂徠はその思想的根拠に宗教性を忍ばせてしまったからである。徂徠の思想が国学や水戸学、あるいは近代の国家主義思想に影響を与えたことは事実だが、それは徂徠の思想が治者のための政治思想だったからで、信じる対象を転回させたにすぎないともいえよう。

井伊直孝や荻生徂徠は、問題が起こった場合、自分で考え、工夫して対策を見つけだし、行動していく主体的なあり方を主張したが、大名など一部のエリートが行うことであり、一般の武士や庶民は想定されていなかった。だが、近世中期になると、すでに述べたように、社会的中間層の立場が上昇し、武士や村の庄屋などの中間管理職に相当する人々のなかに、自分で考え、行動する者が登場してくる。そうした人々がどのような問題意識を持っていたか、次にみていこう。

三　中間管理職を生きる

1　独立の精神

山本常朝と浅井駒之助

十七世紀末になると、学問を通じて自立した独立の精神を獲得した武士が登場してくる。たとえば、『葉隠《はがくれ》』で有名な山本常朝《やまもとつねとも》（一六五九〜一七一九）は、主君の絶対的優位という現実のなかで、家臣がそうした現実に適応しつつ、自己の可能性を最大限に生かそうとした人物である。常朝は、主君への没我的献身や仏教的無常観のなかに生き、自己の内面的な純粋さを追求する、個としての修行者的立場へと大きく傾斜はしたが、「御家を一人で荷《にな》いもうす」と主張したように、自立した独立の精神を獲得していた（柴田純『江戸武士の日常生活』）。

また同時代の和歌山藩士浅井駒之助《あさいこまのすけ》（未詳〜一六九四）は、儒学を学んだのち、藩政の頽《たい》廃《はい》を目の当たりにし、「御家中侍下々町人百姓」の立場に立った仁政を求めて、厳しい藩政批判の書を提出した。罪を得た駒之助は、批判書の趣旨が何とか活かされればと、牢で四年間待ったが甲斐なく、「人は人、我は我なり」と述べて、断食して果てた。駒之助の三男忠八《ちゅうはち》は、追放された兄二人とは違って、成人後、「大番組二〇〇石」で新たに召し出された。その後、郡《こおり》奉行を歴任し、やがて勘定頭《かんじょうがしら》、町奉行となり、大番頭格となって八〇〇石の知行取になった。忠八は、当時「時の明吏」と称され、「寄合」に出仕して、藩政に参画するまでに出世した。忠八が活躍した時期は、和歌山藩が落ち着きを取り戻しており、当時「明吏」と称された彼の姿は、藩政の危機を批判し、絶食して果てた駒之助のもう一つの姿だといってよい。二人はともに治者としての責任意識を内面化させた家臣の姿なのであり、彼らに自立した独立の精神を認めることができる（『江戸武士の日常生活』）。

常朝や駒之助は、それぞれの生き方について、自分の今までの学問や体験をふまえて、悩みながら考え抜いた結果、右で述べたような、独立の精神とでもいえる共通の境地を獲得できたのであろう。

自立した民政官の登場

右のように、近世中期には、代官や郡奉行といった民政官のなかに、地域の実情をふまえつつ、かつ幕府や藩の治政方針に鑑みながら、自己判断による意見具申を行う人々が登場してきた。こうした民政官は、自己の職務に関わった学問受容を通じて、吏僚として成長していったのである。十八世紀になれば、井伊直孝《いいなおたか》や荻生徂徠《おぎゅうそらい》の思惑を超え、みずから考え、工夫する家臣や村の庄屋が登場してくる。そのなかには、常朝や駒之助のように独立の精神を獲得し、幕末の志士に先行する武士が登場する。沢辺《さわべ》北溟《ほくめい》（一七六四〜一八五二）である。彼が武士として何を考えていたかみていこう。

2　自立する武士の生き方

沢辺北溟の略歴

沢辺北溟は、明和《めいわ》七年（一七六四）に宮津藩の藩医の子として生まれた。七、八歳から書を読みはじめ、京都や江戸に遊学し、二四歳の時、京都の儒学者皆川淇園《みながわきえん》（一七三四〜一八〇七）に入門した。上方では「山陰の宿儒」と呼ばれて、声望ともに厚い儒者になった。やがて、寛政《かんせい》元年（一七八九）に、藩主本庄資承《ほんじようすけつぐ》（一七四九〜一八〇〇）の側に仕えることになった。だが、「野原の筆つくせ」（出典は表1を参照、A）に、「往年人の讒言《ざんげん》にて家に蟄居《ちつきよ》して以来、一日もそのときの心を忘れられず、先師淇園が認め贈られた蟄仏の額字をわが書当に掲げて、その下に安居」とあるように、寛政年間の終わりから享和の初め、おそらく資承が死去した頃、人の讒言で一度蟄居させられたことに注意しておきたい。このとき

表1　沢辺北溟引用書名一覧

NO.	書　　名	成立年代	記号
1	野原の筆つくせ	文化7年〜文政8年	A
2	北溟紀聞　外集甲部	文化12年	B
3	北溟紀聞　乙集	文化14年	C
4	北溟日抄	文政7年	D
5	北溟雑話（乾坤）	文政7年	E
6	読書独是　一名聞得私言	文政7年	F
7	幽谷一燈	文政9年	G
8	北溟随剳（巻1〜巻5）	文政9年〜文政11年	H
9	読書独是　上編	文政12年	I
10	北溟坐右雑録（巻1〜巻4）	天保12年〜嘉永4年	J

糸井文庫資料（舞鶴市郷土資料館）による．

の体験が、その後ずっと引きずられていたからである。しかしその後は、文政《ぶんせい》六年（一八二三）に、一揆の責任をとって「蟄居」謹慎するまで、困窮した藩財政のため、京都や大坂などで金策に奔走した。この間北溟は儒者から用人、城代へと出世している。彼は、儒者から出発し、その勉学の成果で藩主に重用されていったのである（柴田純「思想と生活文化」『宮津市史　通史編下巻』二〇〇四年）。

なお北溟は、嘉永《かえい》三年（一八五〇）の文章で、「学ぶ所は朱文公・王文成《おうぶんせい》二先生の間にあり」（J）と述べているように、朱子と王陽明の思想を基礎にしていた。しかし、「元来中国の人はみな賢者なりと思うが大僻見（たいへん偏った見方）なり。その作りたる書はみな用に立つものと思うことも大僻見なり。五経四書の外は一長一短があって、慨するに浮文華辞《ふぶんかじ》（うわすべりな文章や実のない言葉）が多い」（I）とあるように、中国を絶対視することなく、朱子や王陽明に対しても厳しい批判をくり返すなど、常に柔軟な立場でものを考えていたことが知られる。

儒学説

北溟は、儒学から何を学び、いかなる思想を獲得していったのであろうか。彼は、儒者一般の考え方に従い、人は「陰陽二気より生まれる裸虫」（J）で、「天子の貴《とうと》きも庶人の賤《いやし》きも、天地間に生々するものは、みな同じ一気なり」（J）と述べ、万物に本来的な差はないという。では、聖人と常人の差があるのは何故なのか。聖人は、生まれながらにして「至善《しぜん》」そのものの存在なので、学問思弁の必要がない。ところが常人は、その至善純粋な天性をそのままでは実現できないので、「(聖人) より以下の人は、みな聖人を学んでその善性に復帰することを欲する」（H）、つまり、常人は、本来の善性に復帰するために聖人を学ぶ必要があるという。そして、常人が聖人を学ぶとは、「読書窮理」、つまり聖人が書き残した四書五経を学び、自己の天性を養い育てることをさすというのである。

ところで、「学というは道を学ぶことで、道を学ぶとは読書にあると知るべし」（F）とあるように、学問はとりもなおさず読書をさす。そして、学問は単なる読書三昧ではなく、「人としての道を知るため」と、「国体に通達し時勢を弁識」することにあるという。惺窩のいう修己治人である。前者は道徳論と、後者は政治論といいかえてもよい。この二つの問題を取りあげて考えてみよう。

まず道徳論からみていこう。学問は、「心の妄発を制」して「血気の欲を克制」するために必要なのであり（D）、「純粋中正の気」が腐敗しないように、心の鍛錬に努めることだとする。つまり、気を暴発でも不活発でもない、ちょうどよい中正の状態に保つことである。そして、「学問の工夫鍛錬は克己に在ると知るべし。（中略）元来聖人の道は人とともにする道」（H）とあるように、克己といいかえてもよいだろう。

また、「学問の修行は養気をもって主とすべし。気を養うは時中を知るにあり」（I）ともいう。この「気を養うは時中を知る」とは、聖賢の書をふまえて、みずか

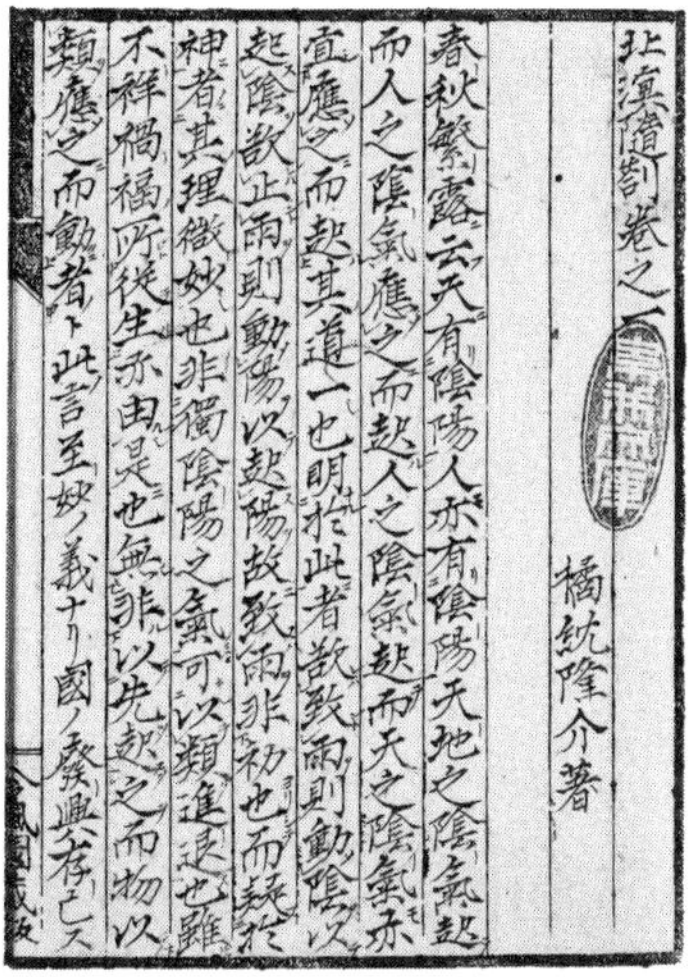
北溟随剳巻之一
橘銑隆介著
春秋繁露云天有陰陽人亦有陰陽天地之陰氣起而人之陰氣應之而起人之陰氣起而天之陰氣亦宜應之而起其道一也明於此者欲致雨則動陰以起陰欲止雨則動陽以起陽故致雨非神也而疑於神者其理微妙也非獨陰陽之氣可以類進退也雖不祥禍福所從生亦由是也無非以先起之而物以類應之而動者ト此言至妙ノ義ナリ國ノ廢興存亡ス

図6 『北溟随剳』（舞鶴市蔵）

ら工夫を加え、その時々の状況に対応できる「本源」(基準)を「自己の胸中」にしっかりと打ち立てることである(H)。

ここでいう本源とは、「義理」であり「志節」であった。そうした本源が定まれば、「書籍にくくられ」、「土人形」となることなく、生きた人としての活動が可能になるという。だから、「養気の説と時中の説と内外分離するに似ているが、その実は一なり」(F)ともいう。道徳論はこうして天下国家の論に連続することになった。

そのうえで北溟は、「人の身上を治めるには、老仏の学といえども可なるべく、宋儒氏の学、本朝の神学、近世の本心学問、みな可なるべし。ただ天下国家を平治することは、聖人の道でなければ差し支えることが多い」(H)と述べ、道徳論は必ずしも儒学でなくてもよいが、天下国家の論は、儒学以外では難しいと主張する。そして、現在は、神道、仏道、儒道、武士道が「混合」して人の道となっているが、それぞれに不備があり、それらの害を「刈り削って天下を安んじる」方策を立てることが、「儒者の心得」だという(F)。儒者の心得とは次のとおりである。

天文星歴は天文星歴に達した人に譲り、名物度数の学は本草家《ほんぞうか》国学故実で家をなした人に譲り、武学は武学の人に譲り、仏学は仏書に詳しい僧家に譲り、字義音韻は字学の人音韻に詳しい人に譲って、それを総て世に活用できるように世話する役が儒者の持前だ。これらの人と対抗するのは聖人の学をみずから狭小にするというものだ（H）。すなわち、儒者の持前とは、天文学、本草学や有職故実、兵学、仏教学、音韻学（漢字の発音を研究する学問）などの諸学を総合し、世間で活用できるよう世話することだという。

現状への批判

右のような議論の背景には、北溟の現状に対する厳しい批判があった。たとえば、「世はただ奇怪を喜ぶ故に、士はすぐれた功績をあげんと争い、儒者は奇説を立て、医者も奇術を衒《てら》う」（C）と、儒者一般や武士、医者などを批判する一方で、「程朱の学（中略）孔孟の正統（ではあるが）（中略）善悪是非の論が厳密で、聖人の教えと齟齬《そご》するに似たることが夥《はなはだ》しい」（H）とか、「（徂徠学は）学問は上の人のためのもので下を治めるためのものであり、本朝の今日でいえば、大執政などでなければ用に立たないものだと、大高慢な気を次第に成長させ、行状も下のことはどうでも苦しくないと放棄し、心性の論は禅僧のことだと片付け、（中略）宋儒々々といって一種の偏物のごとくいうのは如何のことや。（中略）おそらくは、下は愚かなるため治めやすしと、詩書を焼き庶民を愚かにするなどの途に出るのではないか。道を害すること甚だしいというべきだ」（H）と述べ、朱子学や徂徠学をくり返しともに厳しく批判しているのである。

真の学者

では、北溟は学者がどうあるべきだと考えていたのだろうか。たとえば、「朱学にもせよ古学にもせよ、学んで有用に志す人は真の学者なり。ただ学がその方向を失って実行に益なく、いたずらに古帳面の番人（無用の長物）となれば恐ろしいことだ」（E）とあるように、真の学者とは、有用に志すことが大切だとし、そのうえで、「朱子学の弊は吝嗇《りんしょく》となる。徂徠学の弊は放蕩《ほうとう》となる。朱子学の弊は屁理屈となる。徂徠学の弊は高慢となる。身がまえ臆病も朱子学の弊なり。向こう見ずの男だても徂徠学の弊なり。学者の世に無用にして邪魔ものとなるはみなこの弊あるゆえなり。この弊なき学者は俗人とそれほどかわりない。これが真の学者なのだ」（H）と、朱子学と徂徠学の弊害を列挙したうえで、そうした弊害のない真の学者は俗人とあまりかわりないという。

かくして、真の学者であるかないかは、「有徳」であるかどうかが判断の基準にされる。「無学文盲の人でも、自然と天理にかなって志節（自分の思い定めた志）を変移しない人は有徳というべきだ。（中略）生質の美であるばかりでなく、左様の人は心の鍛錬がなかなか容易ならぬものだ。心の修行工夫を積まなければ、人の人たる行いは決してできない」（H）

といい、一人の念仏者徳本《とくほん》（一七五八〜一八一八）が「隠然（表立たない）として人を救済し善心に導いていていること」をあげたうえで、「右の徳本の第一は、無欲にして少しも己を有りとしないから、衆人を感化できた」（H）という。無欲の救済活動をして衆人を感化する人が真の学者だというのである。

常人たる北溟

北溟は儒学をどのように学んでいたのだろうか。

我は幼年より今日に至るまで、聖賢の書を読むといえども、実は半信半疑にて、（中略）とても凡夫では聖人の仰せのとおりにはできないと思い、（中略）しばしば世に苦しみし時に、ゆきづまって身を誤った。（中略）身はなきものにしてみると、我が心は天道と一体のものとなって、天地間に永存することとなった（H）。

この文章は、文政九年（一八二六）に書かれたもので、北溟が半信半疑で儒学を学んできたこと、自己を凡夫とし、いわば常人の立場で学んでいたこと、そして、身はなきものと落着することで、心が天道と一体になるという、一つの解決策に思いいたったことを示している。こうした視点は、北溟があくまでも士《さむらい》の立場にこだわっていたことに基づいている。

では北溟がいう士の思想とはどのようなものだったのだろうか。「孟子のいう大丈夫とは、聖人君子の上の者の論で、我々凡愚の輩の企て及ぶところではない」とか、「常人は節を失ってあれやこれやと迷ってやむことがない。これが愚不肖たるゆえんだ」(H)とあるように、常人とは、天より与えられた至善純粋な天性を、そのままでは実現できない一般の人々をさしている。

しかし、「常人の心は波の花や風に舞うわたのように片々たるものだから、何か依る所がなければ、内に主をおくことは難しい。観世音《かんぜおん》とか天満宮《てんまんぐう》とか向こうに尊奉すべきものがなければ、慥《たしか》にすわることができない。この物に憑依《ひょうい》して始めて己が心の内に主となることができる」(H)といわれるように、常人の心は何とも頼りないもので、神仏に憑依してはじめて、己が心の内に主をおくことができるという。ここにみえる観世音や天満宮は、北溟が少年時から信仰してきた神仏であり、自身の体験が吐露されていることがわかる。

常人とは、このようにまことに頼りない存在なのだから、そうした頼りなさに見合った対応が求められた。

程朱家《ていしゅか》の静座持敬《せいざじけい》(心をしずめ慎み守ること)などは、座禅坊主のなれそこないのごとくだと嘲笑するが、常人にあってはいたって結構な良薬かと思う。我々のような凡愚《ぼんぐ》闇昧《あんまい》（道理にくらく、愚かなこと）では、己で己の心のありどころも知得せず、紛《ふん》々擾《じょう》々翩《へん》々泛《はん》々（入り乱れて軽々しいさま）としてとらえどころがない。（中略）血気ばかりで事物に接するは禽獣だ。血気を除去することは息のあるものは決してできないことだが、その血気を教え導いてくり返し天理に向かうことが学問であり、工夫である。静座持敬と名づけるは坊主臭いけれど、士は士の身持ちをしようと思い、百姓は百姓にならんと思うときは、必ずその筋にはまることを思案勘弁しなければ、大いなるやり損じができるなり（H）。

とあるように、自分の心のありどころもわからない常人が、血気を除去するために、何らかの工夫をしてその筋にはまるための思案勘弁が必要で、その一つの方法が静座持敬だという。つまり、静座持敬という工夫は、常人たる武士や百姓が、士は士の振舞をしようと思い、百姓は百姓にならんと思うとき、それなりに意味があるものだというのである。

常人の教化

常人が右のように危うい存在だとするとき、そうした人々の教化はどのようにして実現できるのだろうか。「我が国の今日をみるに、国を治めるには心得が必要だと思う。芝居遊女の類も、治国の少しは道具だ。特に僧徒の善行をするがごときは、人を教え導き、善に感化させる一助となることなので、程氏が淫声美色のごとくいうのは、一偏の見というべきだろう」（H）という。すでに指摘したように、活所が淫声美色を芸術面で肯定していたように、北溟もまた治国の道具として一定の意味があるというのである。

右のような主張は、北溟の次のような認識に支えられていた。「人心の感じやすきは、中国のことより本朝のことで、本朝のことも、上古のことより中古のこと、中古のことより近古のことなり。それはなぜかといえば、天正より元和の頃の明君賢臣の姓名事歴は、何となくよく知っているから、これに共感することはやさしい。（中略）自分が現在、中国の管仲《かんちゅう》・晏子《あんし》・子産《しさん》の行事をいっても、大星由良介《おおぼしゆらのすけ》のことほどは感動を与えない」（G）という。つまり、常人に対しては、身近で聞きなれた話題をもとに、「人々の好む心」に即して教化することが有効だというのである。

そのうえで、さらに武士のあるべき姿を次のように述べる。「本心で士の事業をいえば、（中略）昔のなごりの事跡を弁《わきま》えて、義理の当然を身に行うことだ。四書五経の講説をしっかり聞き覚え、本朝の名将義士が君に仕え、忠敬を尽したことを規矩とし、私意におちいらないように、心を正し、身を修めるべきだ。少しも己を利する心があれば、君に忠を尽すことはできない」（G）。すなわち、武士の事業とは、義理にかなった仕方で私意におちいらないように気をつけて実践することだというのである。

志節を内に

北溟は、常人でかつ士であると自覚して、自己の現実の職務を遂行しようとしたとき、どこに自己のよりどころをおいたのだろうか。たとえば、「紞《たん》（北溟）いう。世間に報いるには、譬《たと》えれば海に浮かぶ船のごとし。その時々の状況を考えそれに従って行動することは、帆を風にまかせて揚げるがごとし。帆柱をしっかりさせておかねば、風にまかせて帆を自由に動かすことは難しい。柱は譬えれば志節だ」（B）とか、「紞むかし次のように思った。人の一生のうちで第一に大切な緊要の守りは志節だ」（E）と主張している。すなわち、自分の節操をしっかり守ることで、職務上のさまざまな事態に対応できるというのだ。

右の志節は、また次のようにも表現される。すなわち、「紞いわく。状況に応じて問題にあたり、義理をもって目印とし、利害をもって決断するなかれ。少しでも利害に関われば義理が消滅する。問題がなしとげられたといっても、最後には必ず禍《わざわい》が生じる。自分が八十余年目撃してきた所だ」（J）と。つまり、利害にではなく、常に義理を基準にして決断すべきことを主張しているのである。

義理とは

では、義理を基準にして決断するとはどういうことだろうか。たとえば、「義理は損得に関わらないところに道がついているものだ。譬えていえば、農工商は五色のごとく、士は水のごとし。青とか黄とか赤とか白とか黒とか、何かに片寄った色があれば五色を取り扱うことが難しいが、水は無色で片寄る色がないので、水で五色を明らかにして取り扱うことができる。（中略）士も同様に、利欲損得を離れて三民を治めるから、是非邪正を区別することができ、かつそれで下も納得する。しかし、士が三民と同じように利得勘定に走れば、上戸が喧嘩を取り扱う場合、やはり酔い狂いたる者が仲裁するようなもので、邪正も明らかでなく、喧嘩も収まらないはずだ。酒を一滴も飲む気がない石下戸殿であれば収まるはずだ。悪き風俗に感化された衆庶は酒酔いだ。同じく酔いたる者が理非を弁じたとしても、やはり管を巻いたような筋なので、得心することはない」（H）という。義理とは、利欲損得を離れて、中立ないしは公平な立場を維持することで、そうした義理の立場での裁定には、農工商も納得するというのである。

また、人君の役割は、「節義」の士を養い育てることだとし、次のようにいう。「君の心の底に利欲があれば、下はますます盗賊や博奕《ばくち》、姦曲《かんきょく》、邪悪が甚だしく、亡国のきざしが自然に現れる。（中略）内は多欲で、外だけ仁政々々といっても、下の者は全く承知しないものだ」（H）。すなわち、君もまた利欲を離れた、本心からの仁政が求められることになる。なぜならば、外向きばかりの仁政では、庶民が承知しないからなのである。

臣の道

では北溟は、主君への忠と自己の思想をどのように関係づけていたのだろうか。彼は、文政一揆の発端となった領民への「出金」要請に巡回した時の心構えを、次のように述懐している。

文政四年秋九月、我は君命を受け治下の者に出金を御頼み申し談ず。この御頼みのために御領分を巡回した。（中略）あるいは寺院へ招集し、または村長の家に呼び寄せ、示諭を加えた。少なきは二〇人余、多きは二〇〇人余に満ちた。市中の者は智源禅寺《ちげんぜんじ》へ呼び集め、およそ二〇〇人余であった。このときの我が心得は、第一に君の御為、公儀《こうぎ》への御務め、この義をもって心とするのだから、天地を貫き通した忠誠であり、いささかも我が心にはじることはなく、第二には、領民は難儀に思うだろうが、実意より上を尊崇するのであれば、それぞれの身分相応に出金したとしても痛みにはなるまいと、しっかりと見識を定めて説得した。この豪胆な見識を浩然の気で養い、自分の勇気を引き立て、己をかえりみて直きときは、相手がたとえ一〇〇〇万人といえども我ゆかんと、心を定めた（D）。

この巡回が主君の命であり、主君のため、藩の職務遂行として、断固とした意思のもとで行われたことがわかる。領民の難儀は、領民の実意より上を尊崇することと対比され、後者が重いとするところに、北溟の武士としての立場が如実に表れている。そうした点を現代から批判するのは容易だろう。しかし、近世に生きた武士に対して、それはあまりにも過酷な評価だろう。

北溟は、たとえば次のような文章を残している。「紌思う。およそ人臣たるものは、主君より頼むという言葉を賜れば、いかようの水火の中へも飛び込み、その命令をなしとげるべきだ。世間の悪口や非難に少しも貪着してはならない。（中略）今日平和な世に、人の知らざる隠密のところで、頼むという一言を主君より賜れば、討死すると同じ心得であることを、臣の道というべきだ」（H）。主君から頼むといわれれば、水火の中へも飛び込むのが平時の臣の道であり、討死と同価値だという。井伊直興《なおおき》が家臣に畳の上の奉公を求めていたのに対して、北溟は家臣の側から主君への忠誠をこうした言葉で表現したのだろう。

活所《かっしょ》と同じく、「節義の士は、多くは危険におちいり、姦曲の士は、必ず安穏なり」（G）と主張する北溟にとって、義理や志節を守るとは、主君の命を決死の覚悟で実行することと同義であった。

あるいはまた、次のようにも述べる。

欲をすくなくして心を保持するのは、なぜかといえば、己が身をなきものにする修行工夫だ。己が身をなきものにしてみれば、世間の毀誉《きよ》は煙雲の眼を過ぎるようなものだ。（中略）人が何と批評しても、自己の一念は、主君の思いを達するのみと凝りかたまって、いささかの顧慮やねじれがないこと、これを至誠というべきだ。聖賢の人の所行であれば、格別な美善のこともあるだろうが、今日只今の我が心に、およばずながらかくと決断して、当然と見たなら、それを行うよりほかはないと思う（G）。

常人の士である北溟にとって、己が身をなきものとし、主君の意向のため、専念努力することと、それが至誠なのであった。つまり、決断と行動が重要なのだというのである。

士の道

北溟は、勝手掛り（財務会計の職）用人として、「理財の職司」を勤めるなかで、「人情世態」の機微を知り、「天道の畏《おそ》れるべきことを知り」、「天命に奉答する事業」に努め、その結果得た結論が、「世間の毀誉」をものともしない堅い信念なのであった。北溟のそうした思想は、次の言葉に端的に集約されている。

宋儒の学、聖人の本旨を得ていることは勿論だが、心得て禅坊主のなれそこないのごとくにならぬがよい。古学をするとも、放埒《ほうらつ》ものにならぬがよい。詩文を好むとも、雅人とかいうものにならぬがよい。才子、才子といわれるのを、悦喜しないがよい。豪傑、豪傑というものは、まずは悪人なりと知るべし。学者という、一種の唐人べらぼうにならぬがよい。ただ士は士になるべし（G）。

北溟は、あくまでも一人の士として生きようとしていたことがわかるのである。

北溟は、勝手掛り役人として、京坂を中心に十数年の間金策に奔走し、蟄居処分を二度受けるなど、現実との葛藤のなかで、「反観内省」をくり返し、その結果、これまで述べてきたような、きわめて決断力と行動力に富んだ思想を獲得したのである。彼のこうした思想は、幕末維新期に多く登場する、自立した独立の精神を持つ志士のそれに通底する内容を持ち、そうした系譜に先行するものであった。北溟の思想は、外来思想である儒学を自己のうちに内面化し、現実の武士的活動のなかで鍛えられることで、一つの良質な武士の思想として結実したといってよいだろう。

3　工夫する庄屋の生き方

河内屋可正

十七世紀末には、武士だけでなく、民衆上層にも主体的に考え行動する人々が登場する。河内《かわち》国石川郡大ヶ《だいが》塚《つか》村の河内屋五兵衛可正《かわちやごへえかしょう》（一六三六〜一七一三）が、元禄《げんろく》から宝永《ほうえい》年間（一六八八〜一七一〇）に書き記した書物を『河内屋可正旧記』という。同書によれば、河内屋は大ヶ塚村の有力者である庄屋筋の家柄で、可正も早くから学問に励み、儒仏をはじめ軍書や和歌俳諧を好み、能楽にも通じていた。彼が獲得した思想をみていこう。

可正は、「我らごときの中分以下の者」と、みずからを中分以下、と規定する。その一方で、「過《あやま》ちを改めるに憚《はばか》ることなかれ。これは魯論《ろろん》（『論語』）にのせる名言ではないか」と、『論語』の言葉を名言だと主張する。これは何を意味するのだろうか。可正は『論語』の「中人以下」の言葉に接し、自分が何者なのか自問せざるを得なかった。そして、自問をくり返すなかで、「小人は非をかざり」、「下愚」は「あしきことと知りながらもそれらをやめない」者だが、自分はそういった小人や下愚ではなく、過ちを知って改めることのできる人だと自覚した。だから、「おのれが非を知って改めるは賢き人だ」と主張する。つまり可正は、中分以下の者と建前では卑下しながら、本音では、自分は中分以上の者と大差がないと考えていたのである。

可正の右のような意識は、自分は過ちを改めることの大切さを知り、実践しているという自負に裏打ちされていた。だから、『河内屋可正旧記』のなかでこの言葉をくり返し主張したのだ。彼は、因果応報や天道次第の生き方を否定して、「目に見える」現実の世界で、「言と行とに顕れる」過ちを常に改め、自己の最善を尽くすべきだと主張し得たのである。

可正の右の考えは、「庄屋年寄の心得」をくり返し説いていることにも示されている。彼は、「村のなかでは上」の庄屋年寄は、村に「何事も出来《しゅったい》せぬように、常々心にかけて仕置を」し、村人に「理非のちがい」を教えるべきだが、庄屋年寄の言行は、「村中が用いる故」に、「あやまれる事」がないように、「諸事を吟味すべき」だという。それゆえ晩年に、「この来由記一部は、家を斉《ととの》へ身をおさめることが、人間の身の上の至極と思うゆえ、所々にその心をあらわせた」と述べたように、くり返し「家を斉へ身をおさめる」ことの大切さを説いたのだ。庄屋年寄役の重大さを認識し、村を治める者としての自覚を持ち、その任務を実現するために、みずから過ちを改めて「修身」に努めるとともに、村人の模範となるため「斉家」の大切さを説いたことがわかる。可正は村のレベルで「修己治人」を実践していたのである。

その上にまた工夫すべし

可正は、「儒者、仏者、易、暦、医、神道、歌道、その道々の学問、たとえ千巻万巻を学ぶとも、別のことはない。手前に少しでも悪きことがあるのを改め、よき道に入る外のことはない」と述べ、読書によってさまざまな知識を獲得する（学知）一方、所々の「功績がある農夫」から聞いた農業の知識を大部にわたり記録（経験知）していた。また可正は、くり返し「工夫」「才覚」「思案」といった言葉を活用してもいた。旧記の最終部分の「処世訓」は、活字本で一ページ分だが、「工夫」の語が八回も登場する。その一条に、「進退をかせぐにも、その業々に精を出して、心には工夫すべし。聖賢の教えに随《したがう》うこと尤《もっと》もよい。その上にまた工夫すべし。その所に相応不相応あり。時代々々に叶うと叶わないとあり。とにかくに工夫にしくはなし」とある。聖賢の教えに従うだけでなく、その上にまた工夫すべきだという。さらに、状況に応じた対応をとるためにも、工夫は大切だという。可正は、学知や経験知をふまえたうえで、自分で工夫し、考え抜くことの大切さを強調したのである。

佐久間正は、可正と同時代に、町人の立場から思想的営為をした人物として、「町人の町人たる理」に基づいて「町人のあり方」を思索した西川如見《にしかわじょけん》（一六四八〜一七二四）や、「商人に商人の道あること」を教えて、商人の「売利」を肯定した石田梅岩《いしだばいがん》（一六八五〜一七四四）の思想を検討したうえで、「梅岩に私たちが見るのは、儒教を自らの生活体験に裏付けられた言葉で語り得る者、儒教（朱子学）の影響を強く受けながらもなおそれを特権化しない思想的態度を持つ者が庶民から生まれたことである」と主張する（『徳川日本の思想形成と儒教』ぺりかん社、二〇〇七年）。村社会と同じく町人社会にも、みずから考え、工夫する人々が生まれていたのである。

西村次郎兵衛とは

十八世紀半ばには、庄屋層のなかから、大部な家訓を書き、ある程度まとまった独自の思想を展開する人物が登場する。ここでは、但馬《たじま》国気多《けた》郡の大庄屋西村次郎兵衛《にしむらじろべえ》（生没年未詳）が安永《あんえい》八年（一七七九）五月に著した家訓『親子茶呑咄《ちゃのみばなし》』（小泉吉永編『庄屋心得書　親子茶呑咄』岩田書院、二〇〇八年）を素材に、次郎兵衛の考えをみていこう。

次郎兵衛は、鴻池新六《こうのいけしんろく》や可正などと同様に、自分は先祖伝来の遺物を守り、これを子孫に伝えるのが役目だと自覚し、家業第一を主張する。たとえば、「たとえ犂鍬《すきくわ》を日々取らなくても、田畑を見廻り、自他の作方《さくかた》や手入れなどの良し悪しを考え、小作の者へ申し付け、農業を励ますようにせよ。これが当家の職分だ。必ず心得違いをするな」と述べ、家業としての農業に出精することが大切だと強調している。次郎兵衛はこうした家業意識を根底に持っていたのである。まず第一章の「家業の恩を知る事」を取りあげ、次郎兵衛の独特の人間観からみていこう。

次郎兵衛の人間観

次郎兵衛は、歴史的世界について、儒教的な天地開闢《かいびゃく》観からはじめ、農業社会が生まれ、やがて売り買いの時代になったという。そして、土地は「公の地」であって「我がもの」にはできないとする。そのうえで、小作も我も同じ「天下の民」で自分と変わりないから、理由なく「田畑を取りあげ」、「天下の民」を苦しめることは「道理」にはずれた行為で、「天に背き、領主へ恐れあること」だという。また、「水呑という者は自分と同じ天下の民」と述べ、出入（訴訟）にあたっては、「我と人は天より生じた天下の民だから、人我の区別は本来的にない。この道理をふまえて、人も立ち、我も立つように工夫するなら、大抵の出入はなくなるだろう」と主張する。小作や水呑と自分は人として同じだというのである。

では、次郎兵衛の現状認識はどうか。彼はいう。「今の世」は「泰平」で家業も心安くでき、ありがたい世である。土地を取得し、水呑に耕作してもらい、その徳用で妻子を養うことができるのは「公儀の御恩」であり、「自然の恩」でもある。だから、この恩に「報ずる心」を持つ必要がある。そのためには、「公の法度《はつと》」に背かず、その「命ずることを正道に守る」べきだ。だから、公の法度を「我が心に誠に守ること」が大切なのだと主張する。

このあと、村方のため「一村の水難を防ぐ囲い堤、用水溝、溜池などの普請《ふしん》に、自分のものを出し世話せよ」とか、「何でも村方のためになることであれば、道橋などまで我がものを入れて、随分世話するように。凶年飢饉の節に小作の者へ農食米を快く貸すように」と述べ、さらに、「この節田畑の普請をせよ。その日用《ひよう》(日雇い)賃銭で少しでも困窮を救うように。そうすれば、損なくして人のためになる。しかし、日用だけでなく、極難の者へは、村中わけへだてなくせよ。厚き者へは厚く、薄き者へは薄く、人を助けるように。まずこのように心得るならば、天の憐《あわれ》みがあろう」と、庄屋として村のため、人のために尽くすべきことが説かれる。

図7　四季農耕図屏風（国立歴史民俗博物館蔵）

そのうえで、「金銀を孫や子に譲るとも、それで子孫が繁昌しても、将来は知れぬものだ。かえって、奢りを求め、終には子孫が貧窮になるものが多い。よくこの所を合点して、人のためになることを好み行う了簡になるように。これを身に行えば、天の憐みがあり、家名がくさることもない。この理を忘却して奢りを好み、無慈悲になる時は、天道の御罰を受け、先祖浄蓮居士の心にかなわず、終に家が亡ぶだろう。常々このことばかり思って、遊興などに決して関わらず、家業を大切に務めよ」と、この家訓の趣旨に反すれば、天道の御罰や先祖の心に背き、家の滅亡につながると、子孫に訓戒する。

二章以下では、家業や家に関わる問題、たとえば、奉公人対策、財産管理、相続や隠居、子育てなどについて取りあげ、また、庄屋としての職務や対人関係、さらには諸芸能、訴訟への対処など、著者の体験などを交えて展開していく。

次郎兵衛の子育て観

たとえば子育てについて、次のように主張する。「幼年より筆算をまず教えよ。次に一三、四にならば家業を教えよ。必ず遊芸を教えるな。隙があれば学問、これはよい。まず筆算は下手でもよいから、ゆがんだ形でもよいから読めるようにして、その後学問するのがよい」と説く。そのうえで、「家業が第一だといっても、これは二段のことで、筆算や学問も同様に大切だ。よく我が子を養育し教訓して、悪を改め善にかえるようにせよ」と、次代を担う子弟教育の大切さを説く。なぜなら、「筆算をよく習い、証文、手形の文談、算用差引状の理をよく委しくわかるようにせよ。これを知らないことは大きな恥で、知らなければ、身上（身代）を持つことも自然と疎くなり、貧窮になる端緒だからだ。だから、随分申し付けて早く習わせるように」と、読解力や計算能力は家業の経営上必須の知識だというのだ。

さらに、「若き時から親が申し付け、筆算帳面の理を呑み込ませ、家業を教え、倹約質素に育てていけば、身が治まり、家が斉《ととの》う本《もと》になる。（中略）身上持つのがまず身の治まりの本だ。（中略）だから、よくよく理非得失を考え、悪い方へ参らぬようにせよ」という。「筆算帳面の理」を理解することが、身が治まり、家がととのう本になる。つまり、身代の保持が身の治まりの根本だというのだ。幼少から筆算を教えることが家業の安定をもたらし、結果として、修身が実現できるという。筆算の修得から入って、修身斉家の問題へと展開している。

こころばせを誠にする

第十九章「身を治め、家を斉える心得の事」では、右の問題がさらに次のように展開されていく。

> 意誠あって、身が治まり、家がととのう。常々何事でも、我が心の内で、その善悪に差し閊《つか》えないか、その徳失をよく考え、少しでも身のため、家のためにならず、村方の人のために悪いことは言ってはならないし、してもならない。これを言わずせず、慎み守れ。これが第一のことだ。

身が治まり、家がととのうことは、意（こころばせ）を誠（まこと）にすることで実現でき、それは身のため、家のためだけでなく、村方の人のためにもなるという。つまり、誠意が修身斉家を実現するというのである。

ちなみに、儒学の教典である『大学』という書物に、「格物・致知・誠意・正心・修身・斉家・治国・平天下」という言葉がみえる。次郎兵衛の先ほどの主張は、この『大学』の言葉をふまえているのだろう。

右の『大学』の言葉は、次のような意味である。すなわち、学問の最終的目標は、世界全体の平和の実現（平天下）であるが、そのためには、君子（道徳的にすぐれた人物）が国を安定的に治める必要がある（治国）。しかし、そのためには、君子の家がよくととのっている必要（斉家）があるが、斉家のためには、君子自身が倫理的に立派であらねばならない（修身）。そして修身のためには、君子の心が正しい必要（正心）があるが、正心のためには、心が動きだす所、つまり意念が誠実であらねばならない（誠意）。誠意が実現するためには「致知」が必要で、それは「格物」から始まるというのである。

可正と同様に「修身斉家」に強い関心を持っていた次郎兵衛は、この『大学』の言葉のうち、「治国平天下」には興味を示さず、「修身斉家」以下に関心を持ち、この言葉にヒントを得て、独自の思想を展開していく。特に誠意については、特徴的な理解を示している。

そこで、次郎兵衛はなぜ誠意の問題にこだわったのか、その理由を考えてみよう。

堪忍の心得

次郎兵衛は、第二十四章「堪忍の心得の事」の最初に、「心の動きて治まりなきこと、それは悪しきことだが、これをよく治めるのは難しい」といい、「心の治まりがないと、女房や子が知って、自分のいうことを用いず、妻子が勝手ばかりいう。それで下人も旦那を恐れず、家内が自分の自由にならぬようになる」という。修身が実現していないと、結果的に、家政向きが自分の自由にならない事態が生じてしまうというのだ。

そこで、次のようにすればよいという。「意（こころばせ）が誠であれば、身が治まり、家がととのう。この意は六根第一のものである。六根は眼、耳、鼻、舌、心《しん》、意のことだ。このうち、心《しん》と意の二つは能々《よくよく》わけておく。これは安きことだ。しかし、常々考えておかないとわかりにくい。意は自分が起こす一念から生じる心《こころ》であり、心《しん》は外から物にふれてできる心《こころ》だ」と。修身と斉家は、意が誠であれば実現できるという。この場合、意には「こころばせ＝心馳」（こころの動きをある方向に向かわせること）とルビがふってある。また、意は仏教でいう六根の第一だとされている。仏語の六根は、眼、耳、鼻、舌、身、意をいうが、次郎兵衛は身《しん》にかえて心《しん》をあてている。心の字をあてたのは、身体とは違う「思う」の意味を込めたのであろう。そして、心と意がわけられた意味は次のとおりである。

まず、意は、自分の内面から発せられる「一念」（一途な思い）から生じるこころで、心《しん》は、外部からの直接的な刺激で生じるこころだとされている。たとえば、「目に赤きものを見る。これは紅染めの絹か、とうがらしか。白きもの、これは白米か、しらがみか、と思う。これは眼識から起こるこころだ」とするなど、仏語の六識のうち、眼識、鼻識、耳識、舌識、の四識は、外部から直接認識する感覚であるが、心《しん》は、「あつし、つめたし」という感覚にふれたあとで、それは「湯か水かと知って思う心《こころ》、これを心《しん》という」とあるように、外部からの刺激に直接ふれたあと、それが何であるかを認識するこころであり、意は、「静かに独り居ても、来年はどうしよう、こうしよう」と思うなど、「目をつむっていても生まれてくるこころで、これを意という、これは内より起こるこころだ」と、外部からの刺激の有無は関係なく、こころの内部から発生してくるこころをいう。

このように、心《しん》と意の違いを説明したうえで、眼識などは、「何というこころなく、からし、あまし、紅染めか白米かと、こころでわかるばかりで済むこと」だが、「これは紅染めの絹だと聞く。それで買うかどうしようかと、さらに思うものだ。こうなれば意と同じようになる」と、直接的な感覚から一歩進んで、それを買うか買うまいかと、こころで判断するようになれば、意と同様になるという。さらに、「今買うがよいか、この田へは早稲がよいか、晩稲がよいかと、（中略）この所をよく思案して、差し障りがないように、万端よい道へ行くように工夫して、事を行う。これが意（こころばせ）を誠にするということだ」とまとめている。

すなわち、紅染めの絹だとわかったあと、今買うかどうしようかと迷ったとき、良い方向にしっかり思案して、問題があるかないかなど、問題のない道へ行くように工夫し、そのうえで行動を起こす。この一連の手続きが意（こころばせ）を誠にすることだというのだ。つまり、意を「こころばせ」と読ませたのは、動きだしたこころをある方向に向かわせる、という意味を含めていて、最終的な判断の前に、良い方向に向かうように、思案や工夫をしてから行動を起こすことで、問題のない結果を実現すること、それが誠意なのであろう。六根の第一である意が誠になれば、第二である心が治まる、つまり正心が実現され、修身斉家も実現されるというのである。

意は我が身の主人

また次のようにもいう。

意《い》は我が身の主人であり、我が身は家なので、何事でも我が身のためなること、得あることをしようと思う。だが意はとかく彼の赤きものより紅の絹が惜しくなり、（中略）息子のため金が惜しくなるというように、動きだすものだ。ここをよく治めていないと、欲心が深くなって、ついには我が大事な身体にあだをすることになる。また、我が身体は彼の意の家なのだが、心が動き怒ると、人の家に火をつけたり、我が身を火あぶりにしたりする。（中略）これは外より識が起こさせる心で、身に禍《わざわい》を受けることになる。これは心と意が一つになって、差別をなくし、良い思案が出てこなくなるからだ。このことを常々心得て、万事一つ一つもの言う場合に、考えて言うようにせよ。悪心悪念は、みな識から起こるものだから。

儒学では、ふつう「心はわが身の主」というのが大前提なのだが、次郎兵衛は、ここで意が「我が身の主人」と言いかえている。それは「心と意」が一つになって区別がなくなると、六識から起こる悪心悪念が欲望を肥大化させ、意が良い思案を出す方向に働かなくなるからだという。だから、いつも常々心得て、万事もの言う場合には、考えながら言うようにせよという。常に考え工夫してものを言えば、誠意が実現して大過なくすごせるからである。

さらに次のようにもいう。

本心の意に悪いことのない証拠がある。（中略）人のものを取る。取ったあとで遁《のが》れる。これは取ったものを取り返されることを恐れるからではない。その咎で我が身に難儀がかかるからだ。これは、初めの行為は識より入る心で、あとから恐ろしくなり、我が身を大事に思うからだけだろうか。そうではなく、我が非を知るのは、意より起るものだ。だから、識より入る心に対して、本心の意を失わないようにすればよい。意は何でも我が身のためになることであれば、請けるものだから。意は我が身の主人だから、意が合点して治め、正心になれば、識より起る心は負けるものなのだ。

本心の意は、我が非を知ることができるから失わないようにすれば、六識から起る欲心を排除できるという。非を知るとは、是非善悪を知る心であり、活所が述べていたように、天賦の智として人に備わっている。だから、よく考え、工夫して行動すれば、本心の意が有効に働くというのである。そのうえで、堪忍について次のように指摘する。

遠国へ行くとき、家をもって行くことはできまい。茶屋宿屋などはみな世間の寄り合い、誰が食った碗か茶碗かわからないが、これで随分飲みも食いもするものだ。旅先ではどうにもならないことと、我が身のためになることは、なんでも了簡するものだ。だから、心の治め方で、ならぬ堪忍もなるはずだ。（中略）とかく常々意《こころばせ》を誠にして、万事万端よく考えてから取りはからうように。だが、心得違いがあれば、我が身の難が起こる場合がある。これは、意が治められないものだ。それは、堪忍ならぬ気があるからだ。

人は、自分の身のためならば、大抵は納得して、ならぬ堪忍も我慢する。だから、いつも誠意に努め、どんな場合でも、よく考えて行えば、問題は起こらず、修身斉家が実現できるはずだ。しかし、道理にはずれて納得できないことで、自分の身に災難が起こる場合がある。これは、意が治められないものだ。なぜなら、意は道理にかなった問題であれば、対処して治められるが、道理にはずれたことは対処しようがないからだ。意が納得できないのは、道理にはずれた堪忍ならぬ気のためだという。

堪忍ならぬ気とはどんな場合をいうのだろうか。おそらく、当時の人の力ではどうにもならない問題であろう。鍋島直茂《なべしまなおしげ》は、人材登用のような人の力でできることは人がやり、できないことは神仏に祈ったらよい、といった。堪忍ならぬ気とは、そうした人の手に負えないような問題をさすのだろう。神仏への拝や先祖の恩が強調されるのは、人知では対応できない問題が、近世にはなお多く残っていたからなのである。

本心に仏あり

ところで、本心については、第十九章「信心の致し方の事」でも取りあげられている。そこでもう少し本心について考えてみよう。

我が心に、本心は仏神のあることをよく知っている。（中略）仏神が正しくあることは、我が本心がよく知る証拠だ。（中略）神仏を頼もうとすれば、正直と慈悲心がなければ、願いは叶わない。（中略）人の難儀なることは、正直といってせぬことだ。正直は左にあらず。その時宜をはからい、ものをそこなわないようにする、これが正直だ。これが慈悲とあいかねたる正道だ。神は正直の頭《こうべ》に宿る、人心見性（身に備わる仏としての本性を見抜き、悟ること）成仏。これは心が素直で慈悲の心があれば、神は我が身にあることをいう。我が心に忌み嫌うこと、難儀なこと、これを人にしてはならない。我が心の中をよく考えてみよ。本心に仏はあるはずだ。我に仇なき者を殺す気はあるまい。もののあわれなる気もあるはずだ。我が身にかかりし大切に思うものは、命長かれ仕合せよかれと思う気もあるはずだ。まずここから推し測って見性してみよ。しかし、なかなか我が力に及ぶことでない。能知識に問うて知るべし。毎日々々神仏を拝み、先祖へ今日安楽に暮らす御礼を忘れるな。

右の文章では、本心に仏神があると、三ヵ所で強調している。なぜだろうか。神仏を頼むためには、正直と慈悲心が必要だという。この場合、正直は正しくてまっすぐ、という意味ではない。人が難儀だと思うことはしてはならない、とあるように、正直は、状況をよく考えて、相手を貶めないようにすることだという。だから正直と慈悲は両者が補いあって正道なのだ。

すでに述べたように、意が我が身の主人であり、本心の意は、是非善悪を知る天賦の智を備えているとしていた。神は我が身にあるはずだ、とか、本心に仏はあるはずだ、とあることから推測すれば、本心の意が天賦の智を備えていることと、本心に仏があることとは、同義と考えているのだろう。我が心にある仏性を目覚めさせること、それが意《こころばせ》を誠にすることなのであり、それを実現するためには、よく考え、思案し、工夫したうえで行動することが大切なのだというのである。

別の表現では次のように語っている。「口と心が違い、心よく言いはするが、人の難儀なことをする場合がある。これは人が知らぬうちにする悪事だ。この悪事は、人は知らなくても神仏は知りたまう。それは、我が心に覚えあることだ。（中略）我が心のうちを神仏がよく知りたまうことは、よく我が心に合点しているものだ」と。

誠とは本来、みずからの心を欺《あざむ》かないとの意味である。つまり、誠意とは、自分だけが知っている自分の心に忠実であれ、ということである。それゆえ、本人は知らない悪事を神仏は知っている、それは、我が心に覚えのあることだとか、自分の心を神仏がよく知っていることは、自分の心が納得していることだとかは、本心に仏はあるはずだということとあわせて考えれば、本心に仏があり、仏はすべてを知っているのだから、この本心の仏に従って行動すべきだということになる。それはつまり、みずからの心に忠実であれということ、誠意の実現につながるのだといってよい。

道理をふまえて

さて、次郎兵衛の教訓書では、道理や正道といった言葉が多用されている。その理由を検討してみよう。第二十三章「領主御役所へ訴訟心得の事」は、次の文章で始まっている。

訟《うつたえ》を聴くこと、我なお人のごとし。必ず訟なからしめんか。情《まこと》のないものは、その辞《ことば》を尽すことを得ず。おおいに民の志を恐れしむ。是本を知るという。人みな是非の心あり。是非の心なきは人にあらず。このことを常々よく考えて居るものだ。一般的にいって、人々が訴訟を願うことはある。自分の心でじっくり理非をよく考えて願え。自分の心で理非を考え見ることが大切なのだ。

最初の「訟を聴く」から「本を知るという」までは、『大学』からそのまま引用する。

朱子は、訴訟をうまく裁くことは必要だが、民を治める者は、むしろ訴訟自体が起こらない社会にすることが大切だ。ところが、心に情実のない者は、立派な人の前では、うそ偽りの言葉を言い尽くして欺かざるを得ないようになる。そのため、大いに民の志を畏服せしめ、訴訟は自然になくなる。この孔子の言のごときが本を知るという、と解釈する。

また、「人みな」から「人にあらず」までは、『孟子』の次の言葉を言いかえたものである。すなわち、「人皆人に忍びざるの心あり」（人は誰でも、みるにしのびない、するにしのびない、という思いやりの心がある）と、「是非の心は智の端なり」（是と非の心、すなわち善悪を判断する心は、知の端緒である）の二つの言葉を、意味をとって合体させたものである。この部分は『孟子』の有名な四端の箇所にあたる。

次郎兵衛の工夫

次郎兵衛は、『大学』の言葉から、訴訟のない社会が理想だとの趣旨を読み取り、同時に、『孟子』の言葉から、人はみな是非善悪を判断し、相手を思いやる知を持つとの趣旨を学んだ。そのうえで、訴訟自体はなくならないが、自分は問題のどこに理非があるかを常に考え、できるだけ訴訟にいたらない方策をめざすといっている。そこで一つの諺を引いて、次のように、考えたことを書き記している。長文だが興味深い内容なので、意味をとりながら引用していこう。

人のよくいう言葉に、人の子の死んだより我が子の転《ころ》びしが可愛い、という諺がある。これは、他人の子の死より、自分の子が怪我したことの方が重大問題だ、との趣旨である。つまり、自分の道理と他人の道理は違っているのだ、というこの趣旨は、心ではわかるが、これは欲心であって、正道だとは言えないだろう。そこで、これを正道に考えてみると次のようであろう。まず、自分の道理を主張せずに、他人の道理と難儀を考えてみる。そのうえで、自分の道理と難儀を考えてみる。そうしてよく工夫してみる。つまり、自分の難儀を脇において、他人の難儀を優先して思いやってみる。これは難儀なことだが、こうして考えてみると、少し不勝手ではあるが、他人の難儀が了簡でき、自分の難儀も随分了簡できてくる。そこでまず、自分の難儀をこらえてみる。このように分別してみれば、道理もまた同じことだとわかる。初めこれは、こうした道理だったのだが、自分がこうしたからこうなったことだ、このようにして了簡しないとだめだと、十分に自分の非を認めてこなかった。しかし、他人の非なることは甚だ不届きだが、もともとは自分もこうしたからこうなったのだと、自分の非をよく考え、他人もこのような所は大変難儀なので、心得違いをいうものだ。もっともなことだ。このように、自分の非と他人の難儀をよくよく考えてみよ。自分は十分な道理がある、自分は誤りなしと思うから、出入（訴訟）になるものだ。他人と出入になることは、深く得失を考えてするものだから、よくよく深く工夫して、他人の非より自分の非を考えてみよ。だが、自分に少しも非分なく道理が十分なのに、出入になる場合がある。これはきっと相手によんどころなき難儀があるためだ。それなのに出入にしては、自分のためにならない。道理をこのように主張することが、非を一倍強調することになるのだ。出入にし、もし勝つ相手であっても、相手は生活ができなくなるから、自分を恨み、終には変をなす場合がある。だから、出入にする際は、なお深く工夫して、相手の身の上、根性、人柄をみて、分別することが大事なことだ。

自分の道理や難儀ばかりを主張するのではなく、まずは相手の道理や難儀を思いやってみる。そうすると、自分の道理や難儀も客観的に考えることができ、自分の良くない点もみえてくる。このようにして、相手の非をあげつらうだけでなく、自分に非があるかどうか、それをじっくり考えれば、訴訟は少なくなるというのである。『大学』や『孟子』からヒントを得て、訴訟にあたる際の基本的なスタンスを学び取ったことがわかる。しかし、学んだことはこれにとどまらない。

独りを慎む

さらに後半の箇所で、また『大学』の先の言葉を引用して、「この道理をもって、御詮《ごせん》議《ぎ》あるもの」と、公儀御役所での訴訟の場を次のように描きだす。これも意味をとりながら引用していこう。

訴訟では、まず目安といって訴状を提出する。御役所ではこれをよくみて、また双方を呼び出し、詳細に願いの趣旨を尋ね問う。その時、原告は口上で、入割（いきさつ）を詳しく申しあげる。これを詞訟《ししょう》という。御役人は、始終をつまびらかに言わせて、御役人が御聞きなされ書き留められる。そのうちに能弁があり、不弁があり、願う口上が後先したりするが、相手によくよく言わせ、もしよく意味がわからないことがあれば、それはこうではなきや、と相手を遮って言ってみよ。もし少々不筋なこと、また偽りと思うことでも、非難して御咎めなく言わせて聞く。こうやって相手を非難し咎め問う時は、役所の権威にまかせていうことで、相手は何ともいえないから、こちらにとって緩やかに詮議があるものだ。さて双方がいったことを、それよりまた一つ一つ厳しく追及して御尋ねがある。その時もはや不筋のこと、偽りこと、巧むことは、理非分明にわかる。これは巧み偽り、非に募る者が負けるのみ。咎を被るものだ。必ず必ず偽り飾って出入はするな。

このように、訴訟の場での役人や相手とのやり取りを記し、訴訟の場では、偽り飾ることをしてはいけないと説く。このあと、訴状の書き方、訴訟の場での返答の仕方などについて述べ、負ける出入はするなと説いて、「君子は厳しょうのもとにたたず」(危うきものに近よるな)と、『孟子』の言葉を引用してその根拠とする。さらに、できるだけ内済すべきことを主張し、「曖人《あつかい》」(仲介人)のことを記す。そのうえで、どうしても訴訟になってしまった場合の対処の仕方に関して、「人の命、容易に公儀より御取りなされぬものだ。それゆえとくと落ち着き、何事でもまず落ち着いて、案じて見るようにせよ。落ち着かぬ思案は役に立たない。よくよく勘弁を常々しておくように」と、公儀への信頼を述べて、落ち着いてよく考えたうえで対処するようにと注意する。

さらに、「自分はこのようにして、これまで人と喧嘩口論出入などをせず、人と仲たがいしたことがない。万端初めに念を入れるように。その独りを慎むという言葉がある。とかくまず自分の心において、万事理非得失を考えることが大事だ」と、『大学』の「その独りを慎む」(一人でいる時でも衆中監視の中にいるように、言行を慎み、みずからを欺かないようにする、これが君子の志すところだ)の言葉をふまえて、自分の心に、理非得失の観点からいって、本当にこうすることは正しいかどうか、問い考えることが大切だというのである。「独りを慎む」の言葉は、第二十三章の最初の言葉と連動していることがわかる。

堪忍ならぬ気

さて、この章の最後に、相手から出入をしかけられた場合の対応が次のように書かれている。すなわち、「自分がよく守っても、人より起こされる出入がある。これは天命だ。是非ない。孔子、少正卯《しょうせいぼう》を誅し給う。神仏の罰あり。どうしようもなければ出入してよい。しかし、負ける出入は無用だ。命を取ること、咎めにあうこと、これらは勝つ出入であってもしてはならない。これを常々忘れるな。このように言っても、私を公事者といってはならない。嫌いだからこう言うのだ」と。現実には自分からではなく、相手から訴訟をしかけられることがある。それは天命であって、どうしようもない。たとえば、孔子が少正卯を誅伐した記事（『史記』の「孔子世記」）や、神仏の罰の場合である。前に述べた「堪忍ならぬ気」とは、こうした事例をさすのだろう。

こう述べたうえで次郎兵衛は、命に関わる出入や処罰を受ける可能性がある出入は、勝つ出入でもしてはならないと主張する。さらに、自分は訴訟が嫌いだといっている。次郎兵衛は大庄屋であったから、現実の出入にあたってどう対処するか知っておくことは大切な業務であった。この章が子孫のために書かれたのは、右のような事情からなのであった。

ところで、『親子茶呑咄』では、すでに引用し検討した「こうした道理」といった表現が九回みられ、この表現をキーワードにして議論が進められている。右のような表現は、『論語』『孟子』『大学』といった漢籍だけでなく、謡曲『鉢の木』のような和書、諺や俗語など、当時の社会通念で、次郎兵衛が道理と認識したものなどが根拠になっていた。かかる表現形式は、右の書物全体に一貫している。たとえば、「出入になるようだと思うことは、よく道理を考えずに言うものではない」と主張しているように、まず道理をふまえてよく考え、それから問題に対処することが大切だとされているからである。

右の書物では、「まずよく考えよ」、「まず我が心に万事理非得失を考えよ」、「まず落着いて案じてみよ」といった表現や、「よく常々考えよ」とか、「深く得失を考えよ」、あるいは、「よくよく深く工夫せよ」といった表現が、首尾一貫して頻繁に活用されている。すなわち、まずはじめに道理を述べ、それに関連した実例をあげて、話題が一段落したところで、右のような表現が必ずといってよいほど登場するのである。かかる文章構成は、次郎兵衛が何をする場合でも、物事に誠実に対応する必要があるとし、そのためには誠意の実現が不可避だと考えていたからであろう。誠意を実現するためには、自分の「本心の仏」に偽りなくあらねばならなかった。だから、物事に対応するときには、常にまずは考えをよくめぐらし、思案し、そのうえで最良の対応策を工夫する必要があったのである。

次郎兵衛の回想

次郎兵衛は、若年時を回想して次のように語っている。三歳で母をなくし、一二歳で父を失った。その後、伯父が後見になってくれたが、一八歳でその伯父が亡くなり、それ以後は、一人で苦闘の連続であった。その様子を次のように語っている。「誠に盲人が杖を失い、闇夜にともし火が消えたような心地で、その難儀はいうこともできない。仕方なく問うことのできないことは、書面で問い、また人に聞き合わせ、そろそろと勤め習い」やってきた。その後、「先祖のおかげか、領主の恩が深く、大庄屋役を我が三〇歳の二月二十二日に仰せを蒙った。だが、お役目は少しも知らぬことで、困ることばかり。自分自身の力で済むことはなく、一つ一つ御役人に伺い、村々の庄屋・組頭・百姓などへ詳しく尋ね、闇の夜の川わたりのごとく、水の音を聞いて、足で探って行くようにして、そろそろ勤めること十余年をすごしてきた」。こう述べたあと、これまでの経験から得た経験知を次のように書き留めた。

たとえば支配の村方より願いがあった際、自分に言う時に詳しく聞いて、まず内分で伺い、そのうえで申すように。その節書付を出すように言われるので、その趣を詳しく御役人に内分で話し、願わせてもよろしいでしょうか、あいならぬと言ってやめさせましょうか、これを問う。そうすると御役人が、願っても苦しくないことは、願えという。願いのならぬことは無用という。ここで次のことがわかる。子、太廟に入って事毎《ことごと》に問う（『論語』）。ある人がいった。子は礼を知れる哉。太廟に入って事毎に問う。これが礼なのだと。だから、よく知っていることでも、まずは問うのが礼儀だと思われる。

こうした苦闘の経験が、まずよく考え、思案し、工夫するという、次郎兵衛の行動パターンを形成していったのである。つまり、右の事例は、役所へ願いごとをする場合、知っていても一応の手続きをふむ必要がある、という経験をしたうえで、『論語』の逸話をふまえて、これが礼儀だと納得していることがわかるのである。

しかし次郎兵衛は、自分の考えだけでは不十分なこともよく知っていた。たとえば、村方の風俗を改める方策を述べた章では、出入の者や商人、あるいは盲女や座頭などに、自分の身分を隠して、村の噂や自分への評価を尋ね、自分に越度があれば改め、良いことは採用せよと説き、そのうえで、「これは恥ずかしき手段ではない、聖主は下間を恥ず」

(『論語』に「下問を恥じず」とある)と、『論語』の言葉を引いて、正当化している。武家社会での諫言と同様の効果が期待されているといってもよい。

また、出入の場合、自分の考えだけですれば限りがあるので、「我が心で理非得失をよく考えて、五人組へ相談して、組合がよく呑み込み、そのうえで庄屋・組頭へ相談して願うようにせよ。組合・庄屋・組頭がもっともに思い、よんどころないことなので願えというのであれば、願ってもよい。まずよく考え、止めよといわれれば、我意に誇らず、早速止めよ。役人の呑み込めない出入は、終に非分になり、御役所の叱りを受ける。必ず村役人の了簡に随うように」と主張する。我意が否定されて、村役人との協議が優先されていることがわかる。誠意の実践は、みずから考え、工夫したうえで、さらに、他者の批判に耳を傾け、他者との協議をふまえることで、より良い成果が期待されていたのである。

修己治人をめざす

次郎兵衛は、第二十章「朋友の心得の事」の最後で、「何卒このように、心にて人を随分救い助けるように。我は一文不通なり。学んでよく知って、よろしき道を行え」と主張する。同様の表現は、「善道へ進むことを考えよ」、「悪を改め、善へかえらせよ」、さらに、「学んで善に随え」と、各所で活用されている。次郎兵衛は、何度も一文不通といい、自分は読書もせず何も知らないといっているが、実際には、かなりの読書量があり、豊かな経験を積んでいた。それゆえ、子孫に対して、しっかり学習したうえで、自分の頭でよく考え、思案し、物事に対する理解力を高めて、朋友を善道に進めよ、というのである。大庄屋として人々を善道へと導き、悪を改めさせるためには、自分自身がしっかり学び、理解力を高める必要があったのだ。次郎兵衛もまた修己治人を目標にしていたのである。

右の考察からわかるように、「誠意正心」から「修身斉家」を実現することは、本人の道徳的成長を実現するだけでなく、家長であり庄屋でもある次郎兵衛が、家政向きをよくし、家業で成果をあげ、かつ庄屋の勤めをつつがなく果たすために、ぜひとも必要な素養だと考えられていた。だからこそ、誠意を実現するため、まずは常々よく考え、思案して、最善の方策を工夫する必要があったのだ。これが言行を良くするということだろう。

近世中期には、先に取りあげた沢辺北溟のような、藩政の実質を担う自立した家臣が登場してくる一方で、可正や次郎兵衛のように、自分で考え、工夫し、かつそれを自分で表現できる、村の治を担う人々が登場してきた。直孝や徂徠が主張した、エリート集団による考えることの独占が乗り越えられつつあったといってもよい。北溟や可正、次郎兵衛らはいずれも、人知の可能性を信じ、自分で考え、工夫し、行動する人々だったのである。

四　拡大する庶民の世界

1　五個荘町域での寺子屋教育

近世の社会

近世という時代は、現在に伝わる伝統的な生活や文化を形成・発展させた。京都・大坂・江戸の三都を中心に発達した文化は、とりわけ近世中・後期には、流通経済の展開や交通の整備によって、全国各地のすみずみに浸透していった。文化のこうした地方への浸透は、各地の民衆が、中央の文化を受容し得るだけの教養を身につけていたからにほかならない。近世の民衆が、読み・書き・算術といった、文化を受容するうえでの初歩的な能力を獲得していたからだといってもよい。この点は、近世社会では、領主が都市に集住し、農村からいなくなったことと深く関連していた。

領主は、農民を支配するため、専ら文書を通じて法令の伝達や年貢の徴収などを行わねばならなかった。そのため、農民に対してそうした能力の獲得を求めたのだ。他方農民の側も、領主への願いや訴え、あるいは、村の運営を自分たちで行うためにも文書作成が必要であった。さらに、中期以降に商品流通経済が発達してくると、商業活動に従事する農民も多くなり、下層の農民にまで貨幣経済が深く浸透して、読み・書き・算術能力の獲得は、すべての人々にとって必要になっていったのである。近世の民衆がこうした能力を獲得した場は、ふつう寺子屋《てらこや》と呼ばれている。寺子屋は近世初頭からみられたが、十八世紀以降は各地で次第に増加していく。そこでまず、寺子屋の成立時期から考えていこう。

子ども教育の始まり

十五世紀以降になると、名主《なぬし》などの有力農民の間では、固有の家名や家産・家業を持つようになり、父系直系で代々継承されていく家の形成が進み（坂田聡『日本中世の氏・家・村』校倉書房、一九九七年）、また、子どもの葬儀も行われるようになる（圭室諦成『葬式仏教』大法輪閣、一九六三年）。その後近世になると、太閤《たいこう》検地や兵農分離によって、有力農民の家に従属していた農民が自立して家を形成しはじめ、十七世紀半ばには、夫婦と直系親族の小農民の家が広範に成立する。そして、平準化した小農民の家が集まって、近世的な村の共同体的秩序が形成される。近世の農民が生産と生活を営む基本的な場は、こうした家と村によって保証されたのである。

右のような十五世紀から十七世紀にかけての家と村をめぐる新しい変化のなかで、子どもに対する意識が変化してくる。すでに十六世紀には、畿内周辺を中心に、子どもたちに初等教育を行うために、旅の僧侶を村にとどめるという慣行が成立する。当時はまだ寺院は少なく、僧侶の多くが廻国修行に出ていたが、そうした僧侶は当時の知識人であり、ある程度の読み書きができる人々であった。それゆえ、村々ではこうした旅僧を村に定住させ、村の子どもたちに「いろは字」などの読み書きを教えてもらっていた（天文二十四年〈一五五五〉の史料、『敦賀市史』史料編四巻上、一九八二年、柴田純『思想史における近世』）。

こうした事例は、狂言「腹たてず」（『狂言集』下、岩波書店、一九六一年）にもみられ、文字が村の子どもたちに「御指南」されている。村人たちは、子どもに読み書きを習得させることで、村の将来に大きな期待を持ったのであろう。こうした事情は都市でも同様であった。奈良や京都では、商人などの子弟が、寺院で手習いや読書に励んでいたのである。

さらに、近世初頭に成立した板倉「新式目」は、売買や質入れにあたって、契約が成立した段階で、「互いに契約書を取りかわせ」と指示しており、商人らが自己経営を進めるうえで、読み書きのできることが必須になっていたことがわかる。「安物」を「高値」で買ったとしても、それは自分の「眼力」が及ばなかったためで、「身の恥辱」とされた。

やがて十七世紀半ばには、こうした慣行が各地に広まっていく。たとえば、慶安《けいあん》元年（一六四八）の大坂の町触《まちぶれ》（『大阪市史』一九一一五年）では、「手習い子を取っている者」が吟味の対象になっている。大坂ではこの段階で、寺子屋が相当数あったことが窺える。また、十八世紀初めの江戸では、数百の寺子屋がすでに活動していたのである。

五個荘町域の寺子屋

十八世紀半ば以降には、各地の都市や農村で寺子屋が開設され、民衆の識字能力が高まっていき、それとともに、各地の文化的活動が活発化していく。以下では、近江商人の町として知られる旧五個荘町《ごかしょうちょう》地域（現在、滋賀県東近江市、以下、同地は五個荘町と表記する）を取りあげて考えていく。なぜなら、この地は、地域内を中山道《なかせんどう》が通り、近世中期から各地へ行商活動を展開させて、多くの著名な商人を生んだことで知られるとともに、読み書きの学習とその成果がどのように関わっているか、それを知らせてくれる豊富な史料が存在するからである。

表2は、明治維新前後に調査（『日本教育史資料』）された五個荘町域の寺子屋を示したものである。この表2と寺子屋の全国的な状況や滋賀県および八日市《ようかいち》の状況とを比較することで、当町域での特徴をみていこう。寺子屋の数は、『日本教育史資料』によれば、全国で一万四〇〇〇校弱、滋賀県下で四五〇校、五個荘町域で一〇校である。そこでまず目につくのが、開校年代は、全国的に天保《てんぽう》期（一八三〇～四四）以降に急増するが、当地では早

表2　五個荘町の寺子屋一覧

村　名	名　称	学科	開　廃　校	調査年代	生徒数（男・女）	教師数（男・女）	身　　分	教　師　名（開校者）
木流	梅迺舎	読書 習字 算術	寛永17年 ～明治6年	弘化元年	160 (100・60)	1 (1・0)	神官 (苗村神社)	田中大和 (田中重正)
奥		〃	嘉永元年 ～明治4年	明治元年	78 (20・58)	1 (0・1)	僧 (円光寺)	西至成
北町屋	孝栄堂	〃	天保10年 ～明治5年	文久3年	120 (80・40)	3 (1・2)	浪士	山本勘介 (山本位同，僧)
塚本		〃	天保元年 ～明治7年	慶応元年	65 (45・20)	1 (1・0)	僧 (青蓮寺)	島津龍音
金堂	洞松館	読書 習字 算術 諸礼	文化2年 ～明治5年	文久元年	100 (70・30)	1 (1・0)	医	伊藤幹
川並		読書 習字 算術	宝永年間 ～明治7年	嘉永4年	130 (105・25)	1 (1・0)		川島俊蔵5代前の祖
宮荘	時習斎	読書 習字 算術 諸礼	元禄9年 ～明治7年	明治3年	180 (120・60)	1 (1・0)		中村義通
竜田	磨登館	読書 習字	弘化2年 ～明治7年	嘉永6年	80 (45・35)	1 (1・0)	僧 (光沢寺)	沢間教
小幡		〃	文政11年 ～明治7年	慶応元年	130 (90・40)	1 (1・0)	僧 (善住寺)	大幡融了
中		〃	文政9年 ～明治7年	天保3年	60 (40・20)	1 (1・0)	神官 (小幡神社カ)	中村出雲

文部省総務局編『日本教育史資料』8，巻23，私塾寺子屋表，滋賀県（明治25年刊）をもとに作成.

くからみられたことである。木流《きながせ》の梅硒舎《うめのや》は、寛永《かんえい》十七年（一六四〇）、北庄《きたのしょう》（明治十二年に五位田《ごいで》村と合併して宮荘《みやそう》となる）の時習斎《じしゅうさい》は元禄《げんろく》九年（一六九六）、川並《かわなみ》の寺子屋は宝永《ほうえい》年間（一七〇四〜一一）に開校した。梅硒舎は、苗村《なむら》神社の神主が教師を務め、川並の寺子屋は、伊予《いよ》国から移住した川島某が開校した。時習斎は、もと水戸藩の医師中村義通《なかむらぎつう》が京都に向かう途中、北庄の地に定住して開校し、医業と寺子屋での教育に従事した（『時習斎伝』）。

教師はほとんどが一校一名で、身分的には、僧侶、神官、医師であるが、三名の女性教師がいた。一校あたりの平均寺子数は、全国平均六〇人、八日市で四三人であるのに対して、当地では一一〇人と、全国平均の二倍弱、八日市の二・五倍強ときわめて高い。教師が女性の場合でも、全国平均をかなり上回っている。その理由として、当地ではもともと学習意欲が高かったのに加えて、十九世紀に入ると、三都などに出店を持つ五個荘商人が輩出したことがあげられよう。商人にとって読み・書き・算術能力の獲得は必須であったし、村民のなかには商家に丁稚《でっち》として奉公に出る者が多かったと思われるからである。この点は、全国的には読書、習字のみを教えたところが五九％、算術を教えていたところは二一％にすぎないが、当地では、算術を加えているところが七〇％とかなり高いことからも知られる。寺子の入学年齢は特に決まっていなかったが、ほぼ八、九歳で入学し、一一、一二歳で退学する場合が多かった。

たとえば、文政《ぶんせい》十年(一八二七)に生まれた北庄の野村単五郎《のむらぜんごろう》は、その「履歴書」(「野村単五郎家文書」)に次のように記している。

天保五年正月に八歳で入学し、同十年十二月まで満六年間、当村中村梗造《べんぞう》について、読書、習字の修行をし、天保十一年正月から同年六月まで六ヵ月間、当村北村弥十郎《きたむらやじゅうろう》について数学専修、同十月、一四歳で父清左衛門《せいざえもん》に従って商法のため九州筋に往復すること八年、父は二二歳で死去する。

単五郎が北村弥十郎のもとで半年間数学を学んだのは、時習斎が算術をあまり得意にしていなかったためだが、この記事は、北庄には時習斎以外にも学習の場があったことを示している。単五郎は、一定の学習後、父清左衛門について九州での商業の実地訓練を受けたのである。

寺子屋以外の教育の場

また、川並の塚本ゆきは、天保四年に生まれ、川並の寺子屋師匠川島数右衛門《かわしまかずえもん》のもとで、「小手本、村名、人名、児状《ちごじょう》、用文章、商売往来、女庭訓往来《おんなていきんおうらい》」などを学び、一四歳の時から、京都高倉の大伊某の妻女から裁縫、行儀などを学んだ。同じく天保十四年に生まれた妹の塚本さとは、九歳で川島数右衛門のもとに入学し、一三、四歳の頃、川島清右衛門《せいえもん》の妻女なみ子に針を習い、その一方で、一七歳で司馬某の夫人について琴を稽古したという（塚本源三郎『紅屋二媼《べにやにおう》』）。

単五郎は、北村弥十郎に数学を学び、塚本さとは、川島清右衛門の妻女に針を習っているように、五個荘町地域には、表2に示した寺子屋以外に、学習の場があったことが知られるのである。

さらにまた、北町屋《きたまちや》の蓮光寺《れんこうじ》住職理山《りざん》は、在村の僧侶としてはよく勉学に励んだ人物だが、その著「由緒書」（「岡家文書」）に次のように記している。「手習いの子どもは、学問の障害だからやめたくは思っていたが、急にやめては人情に妨げがあるから、黙っていた。しかし、文政十一年（一八二八）の大病の節からやめた。収入はなくなったが、身は隙になった」と。理山は学問に志すところがあり、前々から寺子屋家業をやめたいと思っていた。ところが、三〇歳の時、「喉内大痛」となり、よい機会だと思ってやめている。だが、理山は、その後全く教育の場から離れたわけではなかった。天保十年から北町屋で寺子屋を開校した山本位同《やまもといどう》から、嘉永《かえい》三年（一八五〇）正月二十四日に、「寺子屋家訓幷寺子屋本記」の二書を借り、近村の医師や寺子屋師匠、その子弟たち、さらには金堂《こんどう》陣屋の役人の子弟などに、「入木道《じゅぼくどう》」つまり書道を教えている。ここでいう「入木道」は、初歩的な習字ではなく、ある程度習字を学んだ人々に、より高度な技術を教えることを意味している。右の事実は、寺子屋としては開業していないが、村人の学習の場が、寺子屋とは別にあったことを示している。

2 寺子屋時習斎

時習斎について

教育者の立場にあった時習斎の斎主は、どのような学問を修め、どういった考え方や行動をとっていたのだろうか。

時習斎に関する史料は、時習斎文庫に残された書籍以外、今日多くが散逸している。しかし、一九三七年（昭和一二）、文庫の建設にあたって、当時の京都府立図書館長北畠貞顕が『時習斎伝』を著している。この書は、中村家旧蔵の系譜、古文書、古記録を活用して著したもので、かなり信頼がおけると思われる。そこで、この書物により、時習斎の創設、そこでの教育、中村家の人々の交友関係などについてみていこう（図8）。

時習斎を創設した中村義通の父順通《じゅんつう》は、水戸藩の藩医を勤め、義通はその嫡子であった。しかし、病気のため藩を辞し、その後三年間の養生で回復して江戸に出、のちに水戸彰《しょう》考館《こうかん》の総裁になる儒者三宅観瀾《みやけかんらん》のもとで五年間学んだ。ついで、本格的に医学を修めるため、中山道を通って京都に向かう途中、旧友で金堂陣屋の代官であった八代権右衛門《やしろごんえもん》に再会した。その勧めもあって、北庄に定住して時習斎を開き、あわせて近郷の人々の治療にあたった。時に元禄九年、義通が三三歳のことであった。

時習斎での学習風景は、広間正面師匠の席前に見台が据えられて生徒が座り、背後の壁間に学問の神様菅原道真《すがわらのみちざね》の像が掲げられていた。入学した児童は、そこで読み・書き・算術を学習したが、医師、僧侶、神官などの子弟は、さらに四書五経など漢籍の素読講義や漢詩文の添削を受けた。女生徒には、百人一首、女今川、女大学、女四書など、男生徒とは異なった教育内容が盛られていた。

図8　時習斎中村家略系図

義通	寛文五生	宝暦三没	道仙	八九歳
―重通	元禄一二生	明和三没	宗治	六八歳
―通修	元文五生	寛政五没	梅窓	五七歳
―通温	延享二生	文政三没	珉山、通修弟	七七歳
―通宗	安永三生	天保一三没	梅山、通修子	六九歳
―義芳	文化六生	明治二四没	榧三	八三歳
―義蕃……	天保一三生	大正一〇没	宗司	八〇歳

時習斎での教育は、具体的には不明な部分が多いが、歴代の斎主がどの程度の教養を備えていたかは、『時習斎蔵書目録』によってある程度知ることができる。この目録によると、蔵書は一六〇〇部弱を数え、在村の寺子屋としてはかなりの数にのぼる。一部は明治以降の書籍もあるが、中心は近世に刊行された版本や、斎主がみずから筆写した写本類である。また、蔵書が広い分野にわたっていることも注目される。これは、斎主が寺子屋の性格を鑑みて、なるべく手広く収集した結果と考えられるのである。

時習斎の教育方針

分野別には、俳諧の一九四部、医学の一一六部、書譜手跡の一一五部が目立つ。このうち、書譜手跡が多いのは、手習いに使われたもので、寺子屋としての性格によるのであろう。俳諧が多いのは、和歌・歌集が八一部あることと相まって、歴代の斎主が和歌や俳諧に造詣が深かったことによる（柴田純「五個荘の学芸と文化」『五個荘町史第二巻　近世・近代』一九九四年）。

たとえば、二代重通《じゅうつう》は、京都の水原貞佐《みずはらていさ》の門人で、三代通修《つうしゅう》は、京都の福田練石《ふくだれんせき》の門人であった。貞佐や練石はともに貞徳《ていとく》派の俳諧師なので、中村氏は貞徳派に近かったと思われる。さらに、五代通宗《つうしゅう》、六代義芳《ぎほう》は、京都の桜井梅室《さくらいばいしつ》、北村九起《きたむらきゅうき》と親交があった。そのため、貞徳派の流れをくむ俳書が多いが、他方で、松尾芭蕉《まつおばしょう》や許六《きょろく》の俳書だけでなく、山崎宗鑑《やまざきそうかん》や北村季吟《きたむらきぎん》の俳書も収められていることが注目される。それは、代々の斎主がある一派に偏ることなく、柔軟な姿勢で書籍の収集活動にあたったからであろう。

右の事情は、和歌でも同様の姿勢が貫かれていた。三代通修の弟通敬《つうけい》は、賀茂真淵《かものまぶち》の流れをくむ彦根の大菅中養父《おおすがなかやぶ》に師事し、万葉集の研究につとめ、五代通宗は、その遺志を継いで、大菅の門弟で、のちに本居宣長《もとおりのりなが》に師事した小原君雄《おはらきみお》に教えを受けた。通宗の君雄への帰依は強く、五個荘の同志を集めてたびたび君雄を当地に招き、金堂の弘誓寺《ぐぜいじ》、勝徳寺《しょうとくじ》、宮荘の行願寺《ぎょうがんじ》、竜田《たつた》の清林寺《せいりんじ》などで会同を催した。そこでは、君雄の講釈ばかりでなく、和歌の添削批判が行われ、仮名遣いや文法の誤りが指摘されたのであった。君雄の晩年には、六代義芳も手紙を送って、和歌の添削批判を求めている。和歌の蔵書は、この関係から宣長系統のものが多かったが、彦根の儒者沢村琴所《さわむらきんしょ》や橘千蔭《たちばなちかげ》、北村季吟らの著書も収集されている。

蔵書中に医学関係のものが多いのは、歴代が医業に携わっていたからである。義通の父順通が水戸藩医であったのをはじめ、義通の弟細井通泉《ほそいつうせん》が下総国《しもうさ》相馬《そうま》郡で医業に従事し、義通の妹が常陸《ひたち》国銚子《ちょうし》の医師真宗旦《しんそうたん》のもとに嫁いだ。また、重通の弟美福楽水《びふくらくすい》が阿弥陀堂《あみだどう》村で分家して医業に従事し、同様に、重通の子通高《つうこう》、通敬も他村で医業に従事した。彼らはいずれも京都の後世派に学んだが、蔵書中には、古医方派の著書も多い。ここにも、図書収集にあたっての俳諧や和歌と同様の姿勢が認められるのである。

なお義芳は、若年の頃京都に出て漢詩人中島棕隠《なかじまそういん》に師事しているが、明治に入るとすぐ京都に長期滞在した。それは、京都での小学校建設事業を調査、研究するためであった。明治六年（一八七三）四月、北庄と位田《いんで》・簗瀬《やなぜ》が連合して創設された憲章学校では、義芳、義蕃《ぎばん》父子がその教官に任じられ、時習斎はここにその門を閉ざすことになったのである。

3　時習斎門人姓名録の分析

門人姓名録の性格

時習斎への入門者は、北庄とその周辺諸村を中心に、琵琶湖の東から北にいたる近江半国にまで広がっており総入門者数は四二七〇名強におよんでいた。時習斎には「時習斎門人姓名録」（以下、門人録と略記）という史料が残されており、明和二年《めいわ》（一七六五）から明治六年（一八七三）まで一〇九年間分が現存している。この門人録の分析によって、近世中期から幕末維新にいたる期間に、寺子屋への入学者の数や性格にどのような変化があったかを、具体的に知ることができる。そこで、五個荘町地域では、人々の識字能力に階層的な違いがあったのかどうか、そうした事情は幕末に向けてどう変化していったのかを考えてみよう（柴田純「近世中後期近江国在村一寺子屋の動向」『日本社会の史的構造』思文閣出版、一九九五年）。

門人録は、現在三冊が残されているが、内扉にそれぞれ「第二番」「第三番」「第四番」の番号が付されており、本来は四冊で、「第一番」が欠本になっていることがわかる。「第二番」が明和二年に始まり、「第四番」が明治六年で終わっており、この間時習斎への入門者が断絶なく書き上げられている。十八世紀前半から半ばについて記していたと思われる「第一番」が欠けているのは残念だが、かなり長期的な視野で寺子屋の変遷をみることができる。そこでまず、門人録の体裁や記載内容などに関して説明しておこう。

表題は、各冊とも「時習斎門人姓名録」である。この時習斎の号は、『論語』にみえる「学而時習之、不亦説乎」からとったものと思われる。寺子屋教育が読み書きの復習に重点をおいていたことを考えれば、ふさわしい命名だったといってよい。また、各冊の扉の記載から、門人録は、通温《つうおん》、通宗、義芳三代を中心に、その前後の通修、義蕃を加えた時期のものであることがわかる。

門人録の記載は、最初の段階では入学年別に、出身村名、保護者名とその続柄、入門者名が、縦一行で書き上げられているだけだが、その後、入門月日などのさまざまな情報が順次新たに加わってくる。たとえば、「再学」のように、一度は寺子屋学習を終了し、その後また、より高度な学習のため再入門したことを示す言葉、「素読」「読書」「講尺」「易学入門」「四書読物」「五経文選素読」「文雅」「謡」「俳諧入門」といった学習内容を示す言葉（これらは成人教育とみてよいだろう）、また、「内習」「寄宿」「寄留」「寓居」のように、内弟子や下宿形態での学習を示す言葉（具体的な寄宿先を表示している事例も含む）、さらには、「夜習」「夜業」とか、「下僕」「手代」のように、奉公人などの学習者であることを示す言葉などである。こうした情報は、時期がくだるほど豊富になっており、時習斎での学習状況の実態や入門者の動向について考察することが可能となる。

門人録の数量的分析

表3は、五個荘町域内の村々と町域外（「その他」の部分）とを一括して、六年ごとに集計したものである。六年ごとにまとめたのは便宜上の理由が大きいが、それ以外に、野村単五郎が六年間の修学をしていたこと、『日本教育史資料』に掲載されている明治三年の

調査で、時習斎の門人数は一八〇名（男子一二〇名、女子六〇名）とあるが、この数字は、慶《けい》応《おう》元年（一八六五）から明治三年までの六年間の総数二〇七名のうち、成人（一八名）と思われる者を引いた数（男子一二八名、女子六一名）と近似していること、なども理由の一つである。ただし、この事実によってすべての入門者が六年間修学していたと主張するつもりはない。以上の点をふまえて、五個荘町域、北庄および五個荘町域外に項目をわけて、時習斎入門者の大まかな動向について、それぞれの特徴を考察していきたい。

五個荘町域の入門者

まず表3から、入門者は、時習斎の居村である北庄が四〇%強を占め圧倒的に多かったこと、同時に、五個荘町域で九六%強を占めていたことが知られる。つまり時習斎は、居村北庄を中心にしながら、町域内の村々から大部分の入門者を集めていた。そこでまず、五個荘町域内の動向についてみていこう。当町域のうち、入門者の延べ人数が一〇〇名を超える村々は、北庄、石馬寺《いしばじ》、五井田、奥《おく》、位田《いんで》、小幡《おばた》、中《なか》、簗瀬、七里《しちり》、下日吉《しもひよし》の一〇ヵ村である。この一〇ヵ村について、北庄と残りの九ヵ村にわけ、年次別一覧にしたものが表4である。この表4から、一〇ヵ村で全体の九〇%余を占めており、入門者の主要な部分がこの一〇ヵ村から来ていたことがわかるのである。

三俣	奥	北町屋	市田	位田	小幡	中	簗瀬	河曲	七里	下日吉	その他	男・女		小計	女/男 (%)
	2・0	1・0	0・2	19・2	28・2	14・2	19・3	6・0	2・0	1・0	5・1	210	31	241	14.76
	8・0	1・0	1・0	27・2	26・10	6・5	43・5	2・0	10・0	11・0	10・2	240	37	277	15.41
	1・0			10・3	13・0	13・6	13・3		7・0	12・4	8・0	152	45	197	29.60
				9・5		6・3	19・3	9・0	5・0	6・2	4・0	139	34	173	24.46
	5・0			8・9	36・5	21・7	33・5	4・0	5・3	4・0	19・0	242	55	297	22.72
	5・0			18・12	30・12	15・5	27・6	11・1	7・3	25・1	4・2	226	70	296	30.97
	2・0			11・5	18・4	16・8	22・7	2・0	6・3	16・4	7・0	206	65	271	31.55
	11・0			2・6	3・0	7・5	24・4		2・0	19・5	13・1	182	55	237	30.21
	10・10	1・0	0・1	6・3	2・0	10・0	17・3	4・0	5・4	12・1	22・1	183	65	248	35.51
	23・1			12・1	10・0	8・3	32・3		10・7	9・8	24・2	244	54	298	22.13
	2・0			16・7	19・0	5・0	29・5		20・6	11・4	7・0	197	58	255	29.44
	1・0		1・0	14・9	4・0	1・0	10・0		14・7	5・0	3・0	137	57	194	41.60
	4・0		1・0	13・0		1・0	24・1	1・0	16・5	10・0	10・0	167	49	216	29.34
	6・0	1・0		5・0		3・0	34・0	7・2	2・0	6・1	2・0	151	26	177	17.21
	12・0			2・2	4・0	9・0	21・0		18・3	22・8	5・1	178	62	240	34.83
				9・0	6・1	3・0	54・1		18・6		6・0	165	58	223	35.15
				4・1	1・0	17・10	43・1				4・1	159	58	217	36.47
			0・1	7・3	9・2	13・8	27・11	1・0			5・0	147	72	218	48.29
0・0	92・11	4・0	3・4	192・70	209・36	168・62	491・61	47・3	147・47	169・38	159・11	(3325・951)			28.60
0	103	4	7	262	245	230	552	50	194	207	170			4276	
0	11.95	0	133.33	36.45	17.22	36.90	12.42	6.38	31.97	22.48	6.47				
0	2.40	0.09	0.16	6.12	5.72	5.37	12.90	1.16	3.48	4.84	3.97				

表でも同様).「その他」は五個荘町域外をさす.

表 3　時習斎入門者出身村別 6 年ごとの統計

期間	年代＼旧村名	清水鼻	川並	塚本	金堂	石馬寺	北庄	五位田	和田	伊野部	山本	石塚	新堂	木流	平阪
1	明和 2〜7		3・0	3・0	7・1	6・0	83・12	4・5	6・0	1・1					
2	明和 8〜安永 5	2・0	1・0	2・0	10・0	5・2	64・10	6・1	3・0		2・0				
3	安永 6〜天明 2		1・0			6・2	58・24	7・3	2・0		1・0				
4	天明 3〜8		3・0		1・0	4・0	64・19	9・2							
5	寛政元〜6	7・1	1・0	2・0	1・0	3・0	78・22	7・3		1・0			7・0		
6	寛政 7〜12	2・2	1・0	2・0		5・0	60・24	6・2					7・0	1・0	
7	享和元〜文化 3	2・1				13・0	73・28	14・5					4・0		
8	文化 4〜9				0・1	7・0	72・28	15・5			1・0		4・0	2・0	
9	文化 10〜文政元	2・0	1・0			17・6	55・32	5・3		1・0	6・1	1・0	5・0	1・0	
10	文政 2〜7	2・1			4・0	10・0	74・28	6・0			5・0	4・0	6・0	5・0	
11	文政 8〜天保元		1・0	5・0	1・0	4・2	64・32	3・2	5・0		3・0		2・0		
12	天保 2〜7		3・2			2・3	69・36	3・0	6・0		1・0				
13	天保 8〜13					6・0	76・40	3・3	1・0				1・0		
14	天保 14〜嘉永元		1・0				71・23	9・0	3・0		1・0				
15	嘉永 2〜安政元					5・1	64・47	7・0	7・0				1・0	1・0	
16	安政 2〜万延元					6・0	56・50	4・0	2・0						1・0
17	文久元〜慶応 2						68・41	22・4							
18	慶応 3〜明治 6						67・37	14・10	4・0						
	（男・女）	17・5	16・2	14・0	24・2	99・16	1216・533	144・48	39・0	3・1	20・1	5・0	37・0	10・0	1・0
	小　計	22	18	14	26	115	1749	192	39	4	21	5	37	10	1
	女/男(%)	29.41	12.5	0	8.33	16.16	43.83	33.10	0	33.33	5	0	0	0	0
	各村/全体(%)	0.51	0.42	0.32	0.60	2.68	40.90	4.49	0.91	0.09	0.49	0.11	0.86	0.23	0.02

北庄「明和 2〜7」項に（83・12）とあるのは男子 83 名，女子 12 名のこと（以下の

年　次	北庄	9ヵ村	計	備　考	年　次	北庄	9ヵ村	計	備　考
天保8	9・5	8・1	23	⑬ 202	安政4	7・9	19・3	38	⑯ 214
9	14・6	9・1	30	(153・49)	5	8・8	19・2	37	(156・58)
10	15・7	5・3	30		6	11・7	6・0	24	※
11	13・12	36・2	63		万延元	13・14	15・0	42	(100・8)
12	7・1	1・1	10	※	文久元	7・7	9・0	23	⑰ 212
13	18・9	18・1	46	(97・9)	2	11・7	18・5	41	(155・57)
14	16・3	9・0	28	⑭ 160	3	13・6	19・5	43	
弘化元	11・6	5・0	22	(136・24)	元治元	12・8	8・1	29	
2	7・1	10・0	18		慶応元	11・12	17・0	40	※
3	16・4	19・0	39		2	14・1	16・5	36	(87・16)
4	11・7	6・0	24	※	3	6・6	12・1	25	
嘉永元	10・2	16・1	29	(75・1)	明治元	16・5	11・4	36	⑱ 208
2	8・17	13・1	39	⑮ 225	2	13・13	8・6	40	(137・71)
3	8・4	15・2	29	(164・61)	3	5・0	9・4	18	
4	7・5	9・0	21		4	11・7	23・15	56	※
5	11・8	32・8	59	※	5	8・2	0・1	11	(70・34)
6	11・6	18・3	38		6	8・4	7・3	22	
安政元	19・7	13・0	39	(100・14)		1749	2100	3849	10ヵ村/全体 90.01%
2	12・2	35・3	52						
3	5・10	6・0	21						

備考欄は，10ヵ村の6年ごとの合計人数．※は北庄を除く9ヵ村の6年ごとの男女別合計人数．

図9は、五個荘町域の旧村の位置と近世および明治十三年（一八八〇）の人口、領主の違いを示したものである。図9から、一〇ヵ村は奥村を除いて北庄に近接した村々であったことが知られる。当町域には、時習斎のほかに、木流と川並に早くから寺子屋があった。町域の南部からの入門者が少ないのは、そのためであったと推定してよいだろう。

五個荘町域は、近世において、北庄、川並、石馬寺、五井田、和田《わだ》、金堂の六ヵ村は郡山藩に、

表 4　時習斎入門者 10 ヵ村別年次一覧

年次	北庄	9 ヵ村	計	備考	年次	北庄	9 ヵ村	計	備考
明和 2	16・4	12・4	36	① 204 (178・26)	享和元	13・3	19・2	37	⑦ 255 (191・64)
3	15・0	19・1	35		2	9・7	28・8	52	
4	22・4	17・3	46		3	18・4	25・6	53	
5	6・0	10・4	20	※ (95・14)	文化元	8・9	10・6	33	※ (118・36)
6	4・2	23・1	30		2	9・2	17・11	39	
7	20・2	14・1	37		3	16・3	19・3	41	
8	3・0	20・7	30	② 241 (206・35)	4	8・4	11・7	30	⑧ 215 (162・53)
安永元	15・1	23・5	44		5	22・9	11・5	47	
2	10・3	24・4	41		6	9・2	27・0	38	
3	17・2	27・2	48	※ (142・25)	7	8・4	17・4	33	※ (92・25)
4	10・2	24・5	41		8	6・7	7・5	25	
5	9・2	24・2	37		9	19・2	17・4	42	
6	10・4	22・3	39	③ 185 (140・45)	10	13・7	25・7	52	⑨ 201 (139・62)
7	12・0	11・2	25		11	3・6	2・4	15	
8	9・2	11・5	27		12	9・6	16・3	34	
9	17・8	13・2	40	※ (82・21)	13	14・4	9・4	31	※ (84・30)
天明元	4・5	18・4	31		14	11・3	23・4	41	
2	6・5	7・5	23		文政元	5・6	9・8	28	
3	7・1	10・3	21	④ 156 (122・34)	2	13・8	20・2	43	⑩ 245 (194・51)
4	15・5	6・0	26		3	5・3	13・3	24	
5	12・5	14・4	35		4	10・6	28・12	56	
6	18・4	18・4	44	※ (69・15)	5	16・1	29・2	48	※ (120・23)
7	3・1	3・0	7		6	11・6	14・1	32	
8	9・3	7・4	23		7	19・4	16・3	42	
寛政元	7・4	26・1	38	⑤ 254 (200・54)	8	13・5	11・1	30	⑪ 201 (173・58)
2	20・2	17・3	42		9	11・8	27・1	48	
3	23・6	26・10	65		10	5・3	20・3	31	
4	8・3	15・4	30	※ (122・32)	11	12・2	24・10	48	※ (109・26)
5	19・4	24・2	49		12	10・8	11・6	35	
6	1・3	14・12	30		天保元	13・6	16・5	40	
7	9・2	21・10	42	⑥ 263 (198・65)	2	8・8	11・1	28	⑫ 178 (123・55)
8	5・5	28・4	42		3	7・7	5・7	26	
9	13・8	15・6	42		4	18・4	10・3	35	
10	22・2	25・8	57	※ (138・41)	5	16・3	4・0	23	※ (54・19)
11	5・4	19・1	29		6	9・1	16・4	30	
12	6・3	30・12	51		7	11・13	8・4	36	

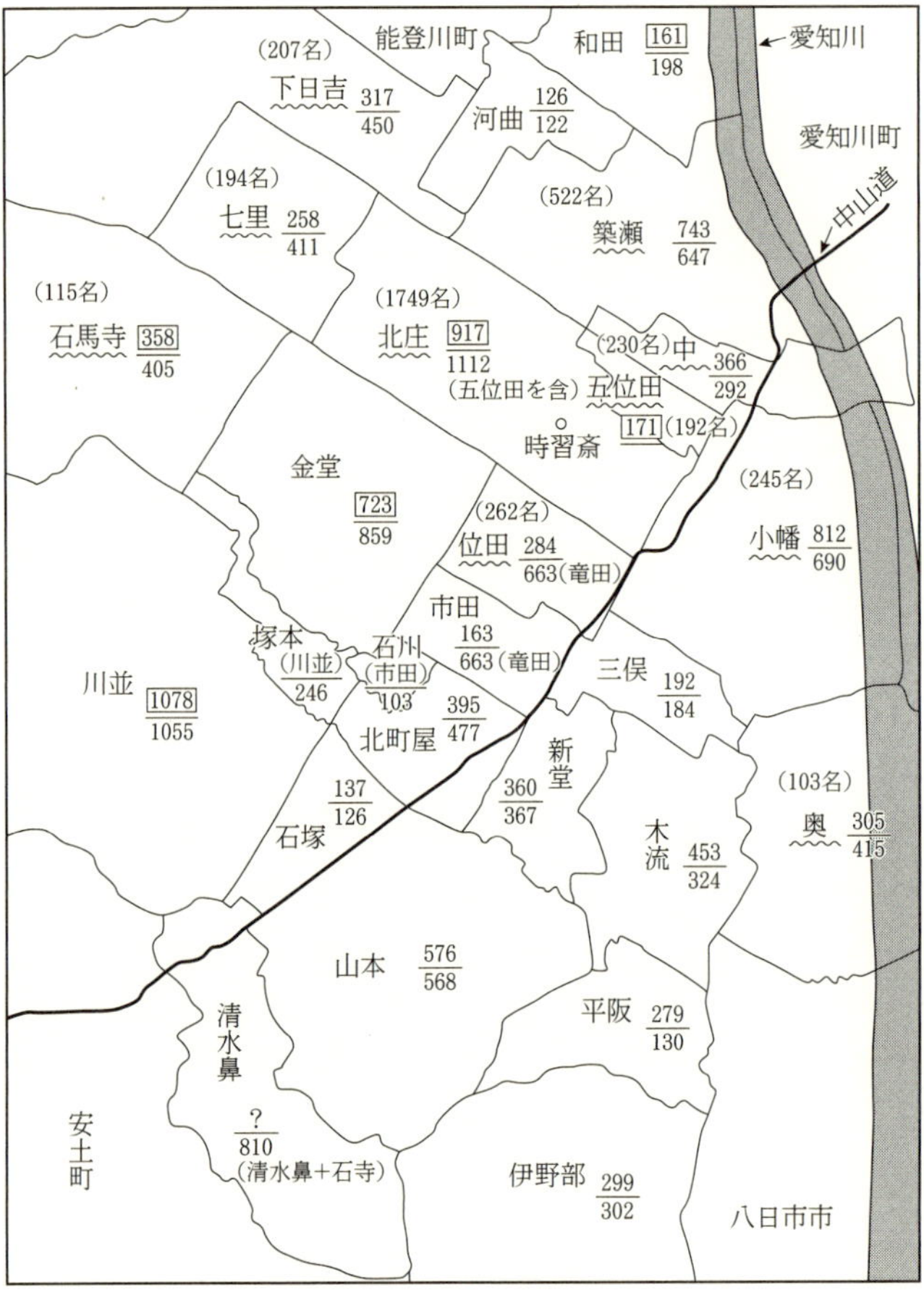

図9　五個荘町旧村概要

村名の下に波線があるのは100名以上の入門者を出した村．下段の数字は明治13年の人口数，上段は四角で囲った分が郡山藩領で享保9年段階の人口数，囲わない分が彦根藩領で元禄8年の人口数．

他の村々は彦根藩に属していたが、時習斎への入門者は、そうした領主の違いには全く影響されていなかったことがわかる。

なお、金堂村にあった郡山藩の陣屋役人の子女八名が時習斎に入門している。郡山藩では、柳沢吉里《やなぎさわよしさと》が甲府から郡山に入部した享保《きょうほう》九年（一七二四）に、藩校として総稽古所を創設した。藩士子弟の教育にあてられ、その後、天保《てんぽう》六年（一八三五）に移築拡張されている（笠井助治『近世藩校に於ける学統学派の研究』吉川弘文館、一九六九年）が、陣屋役人としては、郡山から遠く離れていたため、子女を時習斎に入門させたのであろう。文政十年（一八二七）以降、陣屋役人子女の入門がなくなるが、天保六年の移築拡張と何らかの関係があると思われる。今は不明である。いずれにしても、時習斎では、農民の子女と武士の子女がともに学習していたことがわかるのである。

天明の大飢饉

図10は、表3に示した時習斎への六年ごとの入門者数をグラフ化したものである。図10の太線と細線はほぼ平行しており、全体の入門者数の推移は、一〇ヵ村での場合とほぼ同じだと考えてよい。そこで次に、表4と図10の細線を使って、一〇ヵ村における入門者の趨勢《すうせい》をみていく。

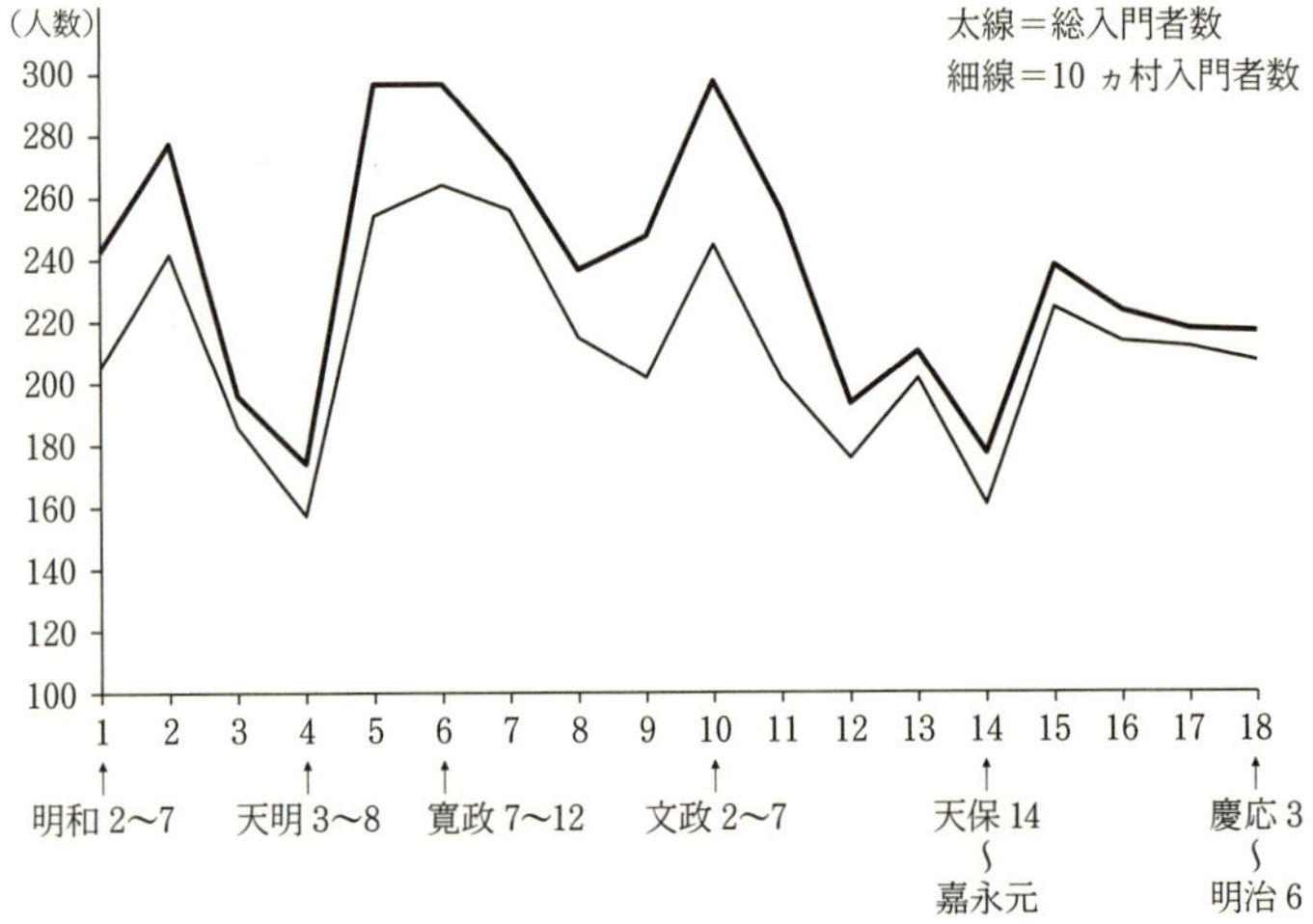

図 10　時習斎総入門者および 10 ヵ村 6 年ごとの統計

横軸の数字は，明和 2 〜明治 6 年まで，6 年ごとの期間を示す（以下同様）.

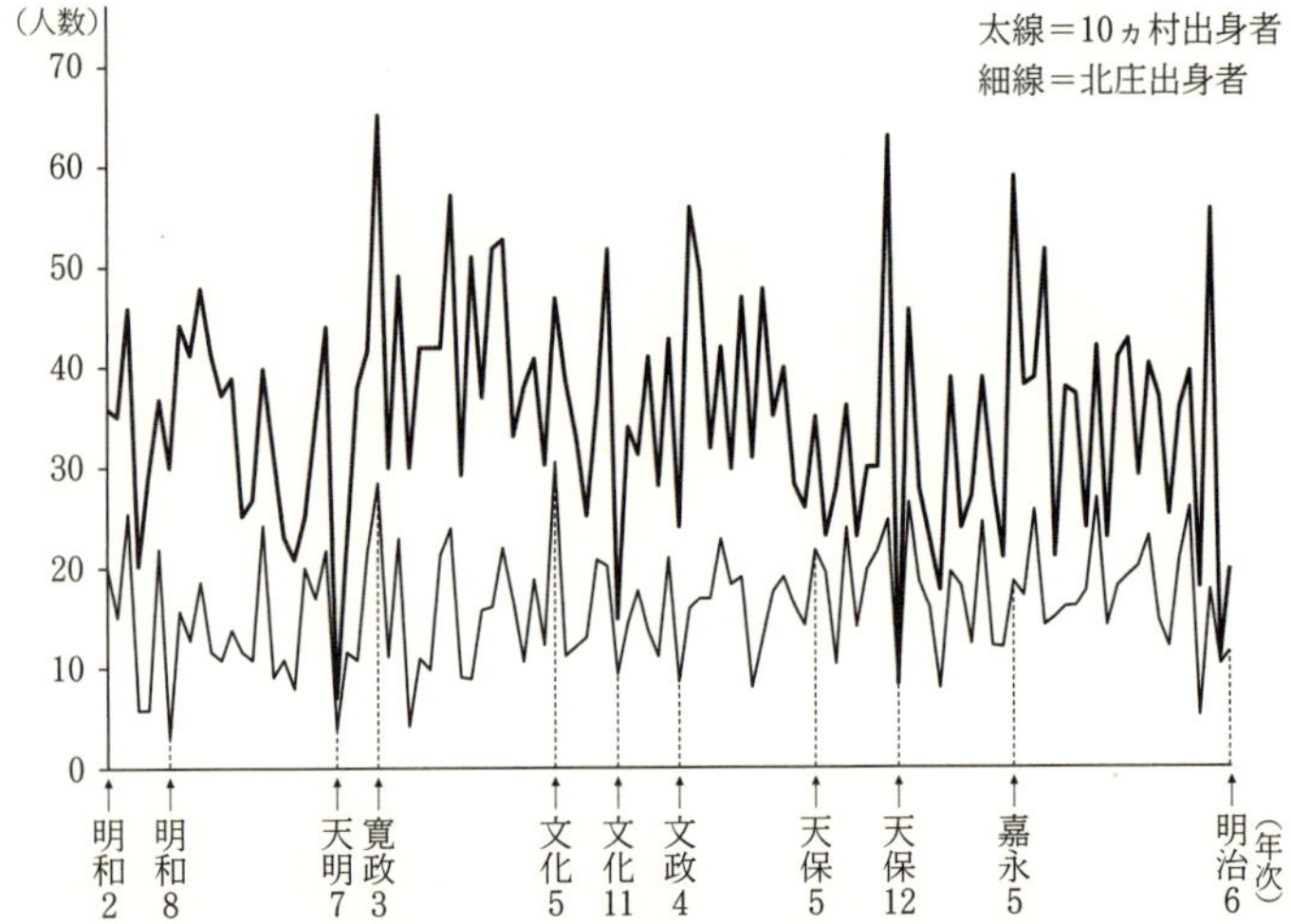

図 11　時習斎入門者 10 ヵ村および北庄出身年次別統計

図10の細線からまず指摘できるのは、入門者のピークが寛政七年（一七九五）から同十二年で、この前後一八年間が最も安定した時期であったことである。図11の太線は、表4の一〇ヵ村の年次別入門者数をグラフ化したものであるが、天明飢饉時の最少七名から寛政三年の最多六五名まで、各年度の入門者数に著しい差がみられることがわかる。一方、寛政元年から文化三年（一八〇六）までの一八年間は、振幅の差が比較的小さく、同時に、相対的に高位にあったこと、その後は、文政四年を境にして、全体としては次第に下降していくこともわかる。この点は、図10の細線をみればいっそう明らかとなり、文政八年から天保元年頃を境に、相対的に低調期に入り、明治六年の閉校を迎えているのである。

ここでまず注目したいのは、図10の細線でみるかぎり、時習斎への入門者数が判明する初期、明和二年（一七六五）から安永五年（一七七六）の一二年間にも、すでにかなりの入門者数をみていたことだ。時習斎は少なくとも近世中期には、地域の寺子屋として重要な役割をはたしていたことがわかる。

次に指摘できるのは、天明三年（一七八三）から同八年と天保十四年（一八四三）から嘉永元年（一八四八）にみられる二つの急減期に関してのことである。最初の急減期は、全国的な飢饉状況を招来した天明の大飢饉の時期にあたっており、当町域も例外ではなかったことを示している。それは表4からも窺え、天明七年には、北庄、五井田、簗瀬の三村から合計七名しか入門しておらず、天明六年の凶作が特に厳しかったことを示している。ただ、天明五、六年で合計七九名とかなり多くの入門者数をみており、天明七年はその反動といった側面があったかもしれない。

しかし、この時期には、小幡と奥の二村から全く入門者がないことも特徴的である。と同時に、小幡が、寛政元年に一度に一四名の入門者を出していることが注目される。小幡の場合、同年以外にも、明和六年と安永二年の九名、安永四年と同六年の八名、寛政七年の一四名、同十二年の一二名、享和二年（一八〇二）の一六名、文政九年の一四名といったように、数年おきにかなり多数の入門者がみられるからである。それは、子どもの出生数にそれほどの変化がないとすれば、数年ごとにまとめて入門する慣行があったことを示している。同様のことは、簗瀬でもいえ、やや鮮明さを欠くが、中や五井田、位田などでも指摘できる。

なお小幡では、表2からわかるように、文政十一年に寺子屋が開校されたため、同年以降は急減している。時習斎に入門していた寺子が、自村の寺子屋に通うことになったからであろう。文政八年以降にみられる時習斎の全般的低調化は、こうした事態の反映でもあった。同様のことが、文政九年に開校の中、弘化《こうか》二年（一八四五）に開校の位田（竜田）、嘉永元年に開校の奥でも指摘できるのである。

天保の飢饉にあたって

次に二度目の急減期は、入門者数の急減が天保十四年から嘉永元年にあって、天保飢饉時の天保四年から同七年ではないことに注意したい。天保初年にも若干の減少がみられるが、この時期には小幡や中に寺子屋が開校され、そこからの入門者が急減したことを考慮すれば、この時期の急減は天保飢饉とはあまり関係がないと推測できるからである。

しかしこの時期、当町域が凶作に見舞われていなかったわけではない。たとえば、山本村の商家片山家に残された「記録」（「片山家文書」）は、天保八年（一八三七）の状況を次のように語っている。

日々食事は米半分に副昆布、またはひじき、千切り大根、あらめの類を半分取り合い、食事するのが上々であった。所々より笹登り、山の青菜、松のさながれなどを食べた。ところという物を粉に引き、団子にして食べた。（中略）そのほかいろいろ根々の物を食べた。悪食した者は青腫れになり死んだ者が夥《おびただ》しかった。手前は御蔭をもって前年より麦を相応に所持していたので、麦飯に大根葉や菜葉を切り混ぜ食事し、ありがたかった。
当町域でも、かなり悲惨な状況が招来されていたことが知られるのである。

では、それにもかかわらず、時習斎への入門者の第二の急減期が、天保飢饉時ではなく、天保十四年から嘉永元年頃に来たのはなぜであろうか。この点を次に考えてみよう。

天保十二年に始まる幕府の天保改革は、倹約と奢侈《しゃし》禁止、風俗取り締りとして開始され、問屋株仲間解散令へと続いたが、その過程で深刻な商況の不振を招くことになった（大口勇次郎「天保期の性格」『岩波講座日本歴史十二　近世四』岩波書店、一九七六年）。それは当町域にも多大な影響をもたらした。先の「記録」によって、その様子をみてみよう。たとえば、天保十三年三月に触れ出された「売買諸品の代呂物ならびに諸職手間賃、そのほか風呂屋湯賃、髪結い賃などまでも二割の値下げを仰せ付けられ、諸品の売り物は正札を付けて売買するようにとの御触れ」のため、「持っていた代呂物は残らず、右のとおりに割り引かなければ一反も捌《さば》けず、国中一統とはいいながら大損し心配している」と述べ、また、同年七月の倹約令と「国々遊所の取り払い」には、「ありがたい御趣意ではあるが、商売が差し支え不景気になり、この一段は困ったことだ」と記す。さらに翌年春の「壱部銀を吹き出し少しずつ御引き替え」には、「色々様々数多くの御趣のため、商人は手回りに困った」とも記している。
こうして、全国的な商況の不振のなかで、各地に商域を拡大させつつあった五個荘商人も深刻な打撃を受け、当町域に厳しい不景気の波が押し寄せたのである。表4にみえる、天保十四年から弘化二年にかけての三年間にわたる入門者数の減少は、まさにこうした不景気を原因にしていたのだ。ここで注目したいのは、天保飢饉時にはそれほどの減少をみなかったにもかかわらず、不景気のなかで急減したことである。先に述べた天明飢饉時の急減とあわせ考えるとき、その差異がいっそう明らかになる。すなわち、天保期には、凶作よりも商業活動の停滞の方が、当町域の人々にとってより大きな影響を与え、寺子屋入門者の急減をもたらしたことがわかるのである。

以上の検討により、時習斎は、他村での寺子屋開校がさかんになる文政期までは、天明の飢饉時を除いて、北庄を中心とする周辺一〇ヵ村から入門者があって比較的安定し、地域の寺子屋として重要な役割をはたしていたこと、しかしながら、文政期以降、周辺地域の寺子屋開校が相次ぐなかで、時習斎への入門者は減少傾向をみせ、時習斎の性格に一定の変化が生じてきたことが知られる。同時に、天保期以降には、凶作といった農村的理由よりも、商業活動の停滞が、入門者数の増減により深く関わるようになったことにも注意したい。この時期は、当町域が、日野や八幡と並んで近江商人の三大拠点として発展を遂げていく時期にあたっていたことが知られるからである。

4 幕末段階での就学率

北庄村の入門者

では、文政期を画期として、時習斎は、どのような性格の変化を遂げていくのだろうか。時習斎の居村北庄での入門者の動向を考察していこう。

表4をもとにして、北庄出身の年次別入門者数をグラフ化したものが図11の細線、北庄出身の六年ごとの入門者数をグラフ化したものが図12の太線、北庄出身の六年ごとの男女別入門者数をグラフ化したものが図12の細線（実線が男子、点線が女子）、北庄出身の年次別入門者数を男女別にグラフ化したものが図13（実線が男子、点線が女子）である。

図11の細線からは、北庄においても、図11の太線の一〇ヵ村における年次別入門者数と同じく、各年次の高低がかなり大きいことがわかるが、太線に比べれば、振幅が相対的に小さいことがまず指摘できる。それだけ自村からの入門者は安定していたのであろう。こ

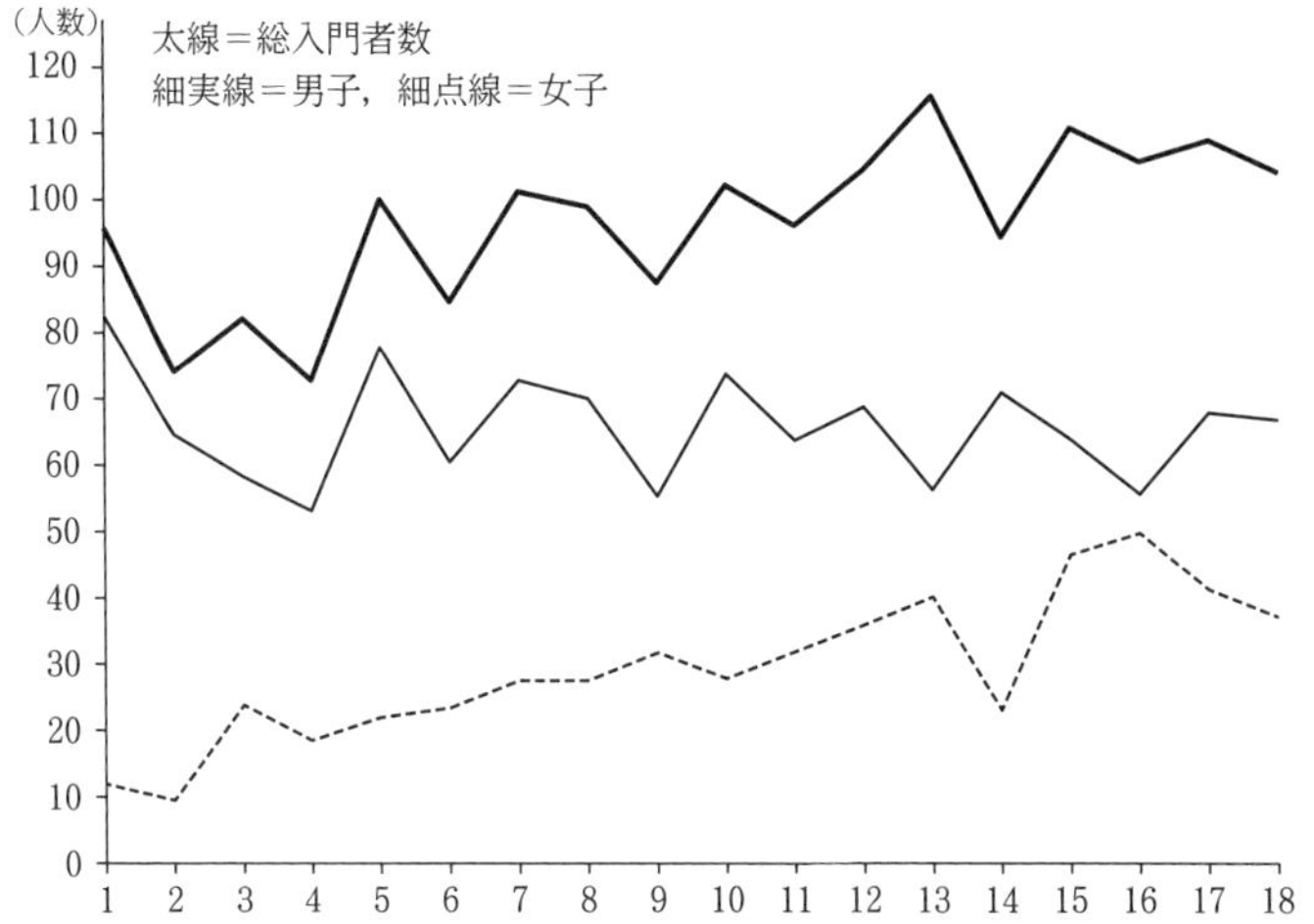

図 12　北庄出身 6 年ごとの入門者統計および男女別統計

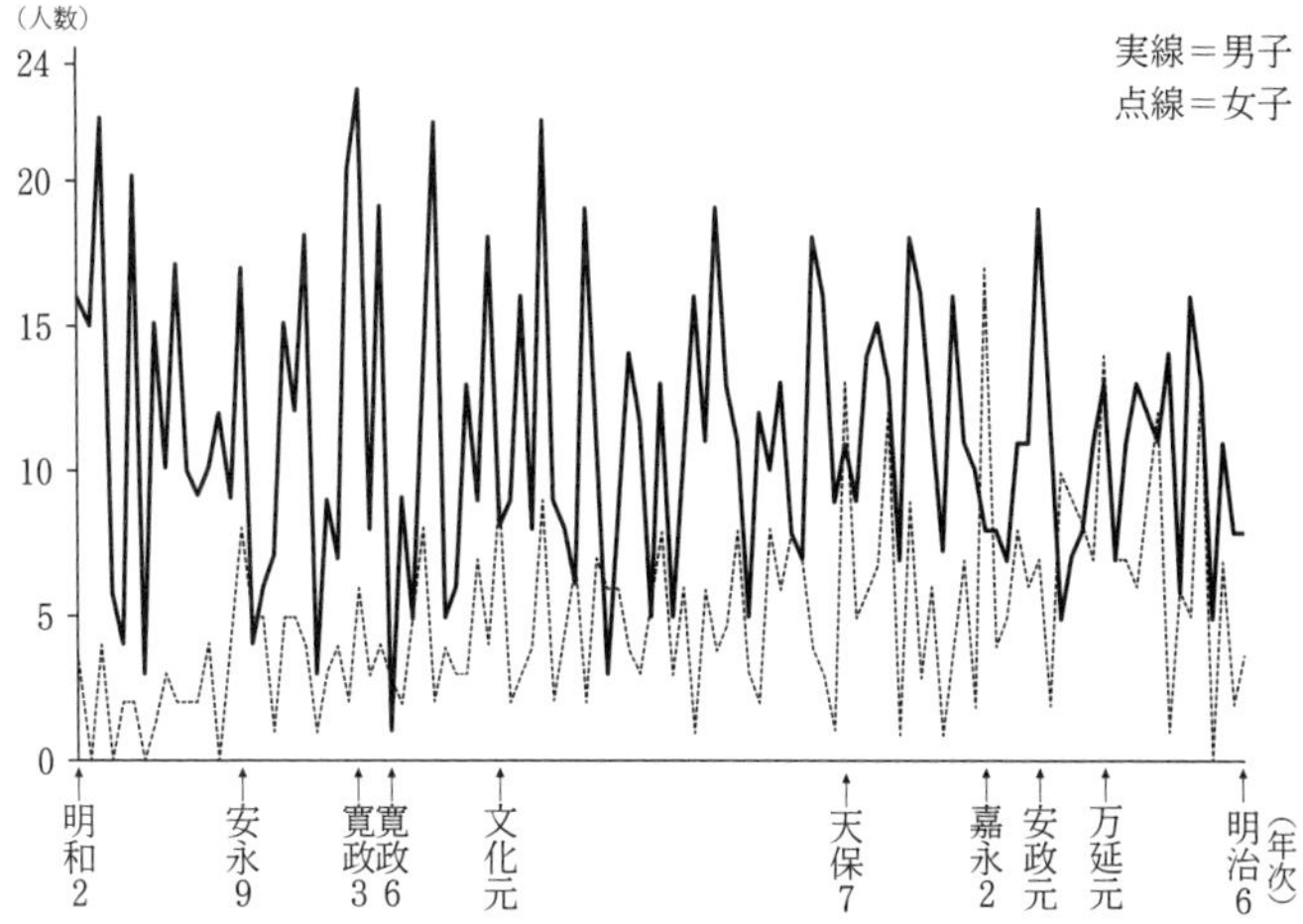

図 13　北庄出身年次別入門者男女別統計

の点は、振幅の度合が、文化六年（一八〇九）まではかなり激しいのに、それ以降は相対的に小さくなっていくことからもいえるが、さらに図12の太線をみればいっそう明らかで、全体的に右肩上がりの傾向を認めることができる。特に文化十年から文政元年（一八一八）の低減期以降は、比較的高位で安定的に推移していることがわかるのである。

右の点に関しては、すでに図10の太線で示したように、時習斎が全体的傾向として、文政二年から同七年を境に低調期に移ったことと全くの対照を示していることが注目される。つまり、他村からの入門者数が急減するなかで、自村からの入門者を漸増させることで、全体的な入門者数の急減を何とか防止していたことがわかるからである。この変化は、時習斎が、五個荘町域を中心としたかなり広域的な教育機関から、文政期を境にして、自村北庄により重心を移しつつ、簗瀬、五位田を含むより狭域的な教育機関へと変化したことを物語っているのである。

女子入門者の増加

時習斎が北庄出身の入門者を安定的に増加させ得たのはなぜだろうか。この点は図12の細線と図13から判断ができる。図13からわかるように、男女別入門者数も年ごとにそれぞれ大きな振幅を示しているが、特徴的なことは、天保七年以降、男女の入門者数の差が縮まり、嘉永二年（一八四九）に女子の入門者が男子のそれを大幅に上まわってからは、女子が男子をたびたび上まわるようになったことである。

この点は、図12の細線をみればいっそう明らかになる。すなわち、男子の入門者数は、一〇〇年余にわたって、多少の振幅はあるものの、全体としては大きな変化が見られない。ところが、女子については、初期の段階から着実に増加し、次第に男女間の差を縮小させ、嘉永二年から安政元年頃を境に、両者が急速に接近していることがわかる。つまり、時習斎への北庄出身者の安定的増加は、取りも直さず、女子の安定的増加によって実現されていたのだ。特に、安政二年（一八五五）から万延元年（一八六〇）では、表3・4からわかるように、男子五六名、女子五〇名で、その差はわずか六名になっており、しかも、この間の三年は女子の入門者が男子を上まわっている。北庄では、女子の寺子屋入門者が幕末にかけて急速に増加していった様子が知られるのである。

だが、時習斎への女子の入門は、北庄出身者と他村出身者とではかなり事情を異にしている。図14の太線は、表3の男女別入門者数をグラフ化したもの、細線は、表4の六年ごとの男女別入門者数をグラフ化したものである。図14によれば、男子の数に高低がみられるものの、女子については大きな差はほとんど認められない。そこで、次は図12の細線と

図14の細線を比べていただきたい。両図によれば、まず男子については、図14が図12に比べかなり高位にあることは当然として、図12では、各時期に振幅はあるものの、全体的には大きな増減がみられないのに対して、図14では、各時期の振幅の差が大きく、さらに全体として減少傾向を示していることが窺える。次に女子については、図12が全体的に上昇傾向を示しているのに対して、図14では、寛政元年（一七八九）から同七年以降、天保十四年から嘉永元年の時期に急減した以外は、ほぼ一定の水準で推移している。すなわち、女子については、時習斎への入門者が、十八世紀末以降ほぼ一定していたことが知られるのである。

こうした事情は、図15の北庄を除いた九ヵ村六年ごとの男女別入門者数のグラフをみればいっそう明らかになる。図15は、男子については、図14の細線とほぼ同様な曲線であるのに対して、女子については、図12の細点線とも図14の細点線とも著しく異なっている。すなわち、寛政七年から同十二年の段階でピークに達し、以降は漸減して、幕末にいたって再度上昇しているのである。

すでにみたように、文政期以降、時習斎への他村出身入門者が減少したのは、この頃から他村での寺子屋開校があったためで、それは表4からも確かめられた。しかし、それは

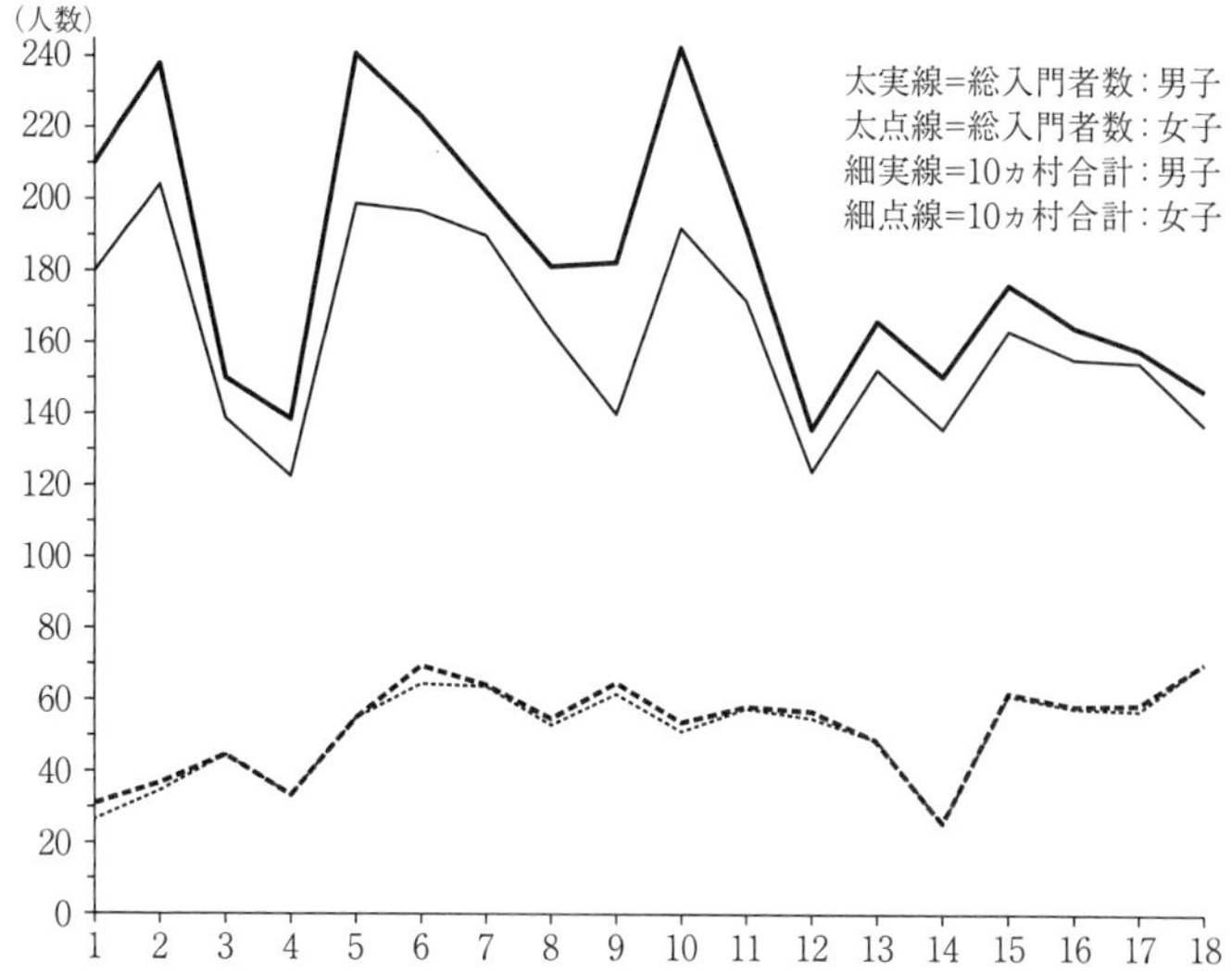

図 14　時習斎総入門者および 10 ヵ村合計 6 年ごとの男女別統計

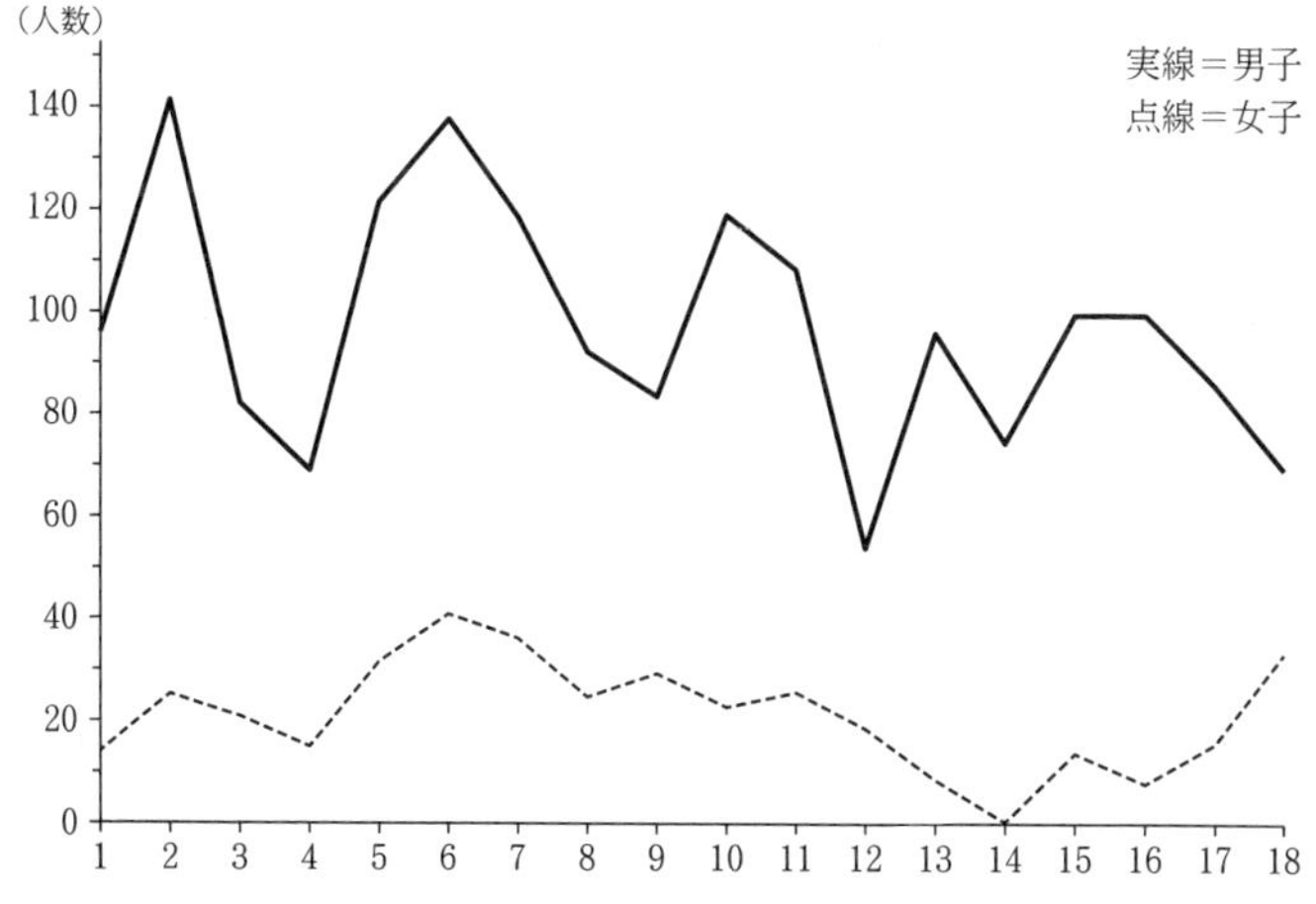

図 15　北庄以外 9 ヵ村合計 6 年ごとの男女別統計

男子について言えることで、女子については必ずしもあてはまらない。たとえば、文政以降も時習斎への入門者を継続させた簗瀬や位田において、天保五年以降、女子の入門者がほとんど見えなくなっているからである。この時期に、北庄からの女子入門者が一貫して上昇していることからすれば、女子の就学熱が下火になったとは到底考えられない。今ここで十分な説明はできないが、さしあたって次のように考えられる。

すなわち、北庄では、自村にある時習斎への入門であったため、女子の就学熱の高まりのなかで、女子の入門者が村落上層から中下層へと拡大していっただろうこと、他方、他村では、もともと時習斎への入門が可能だったのは村落上層の女子であり、しかもこの時期、時習斎以外で寺子屋の開校が相次いだため、選択の幅が拡大したこともあって、他村出身の女子入門者が急減したのではないかということである。この点は、時習斎の分析のみではおそらく説明できないだろうが、十八世紀末には、早くも女子においても、村落上層を中心にして、かなり就学熱が高まっていたことが注目されるのである。

寺子屋で一村皆学

北庄の幕末段階での就学率はどのくらいであったのだろうか。この点を少し考えておこう。北庄の人口は、享保九年（一七二四）の段階で九一七名、明治十三年の段階で、五位田を合わせて一一一二名である。後者については、五位田の享保九年段階の人口が一七一名なので、旧北庄分でほぼ九四〇名前後とみられ、この間ほとんど増減していないことがわかる。他方、文化十一年から明治六年までの六〇年間に、北庄出身者で時習斎に入門した者の数は、表4から一〇一〇名と判明する。このうち、寺子屋での読み書き学習を終えたあとで「再学」し、「読書」や「素読」などのより高度な教育を受けたり、「文雅」や「謡曲」などの教養習得に励んだりした者が、一五〇名前後みられる。つまり、幕末の六〇年間に時習斎で初等教育を受けた北庄の住民は、およそ八六〇名に達すると推定できるのである。ここで、六〇年間の入門者数を推定したのは、当時は、幼少年期での死亡率が高かったため、平均寿命はかなり低いと考えられるが、村落の人口構成からいえば、〇歳から六〇歳くらいに分布していると考えたからである。

このように考えてみると、明治初年の段階で、時習斎で寺子屋教育を受けた北庄の住民は、およそ九一・四%に達する。つまり、北庄の住民は、ほとんどが時習斎で寺子屋教育を受けていたのだ。さらに、すでにみたように、図12の細線から、北庄出身の男子入門者数は、十八世紀後半から大きな増減がみられないことを想起すれば、残りの九%弱は主に女子であったこと、すなわち、男子についてはほとんど皆学に近かったことが推測でき、

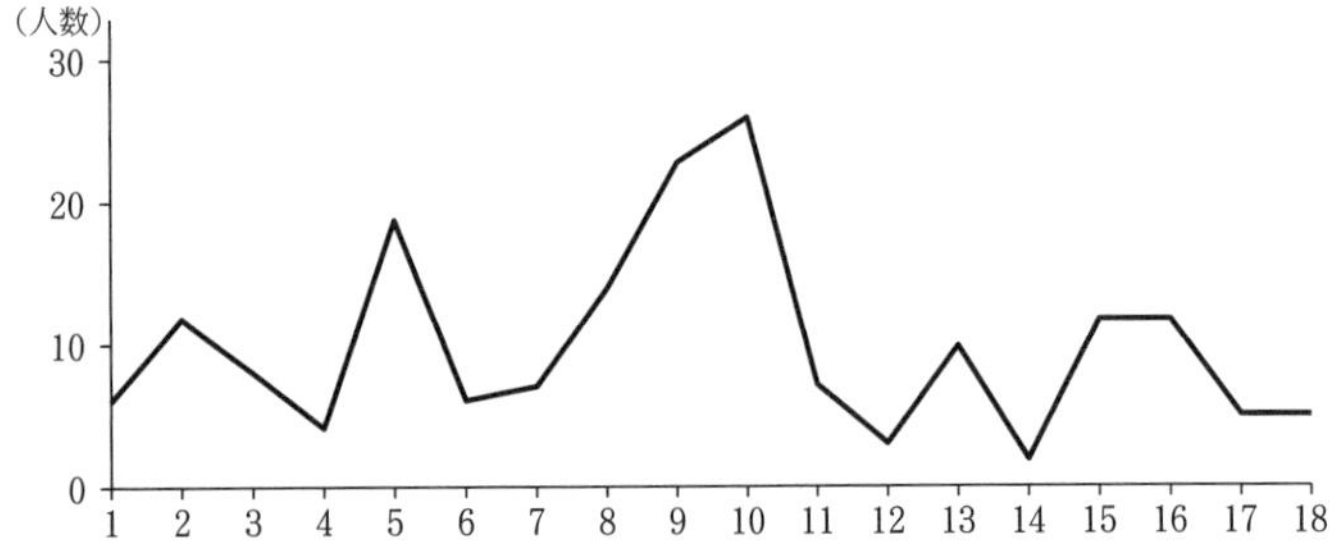

図16　五個荘町域外時習斎総入門者6年ごとの統計

幕末に向かって女子の入門者数が激増していたことを考慮すれば、明治六年の当地における憲章学校の開校以前に、北庄では皆学がほぼ実現されていたといってよいのである。

5　五個荘町域外の入門者

近江各地からの入門者

表3の「その他」の項目について、男女の人数を合計してグラフ化したものが図16である。また、「その他」の入門者について、どの地域から何人が時習斎に入門したかを知るために作成したものが、図17である。

まず図16から、時習斎への入門者は、文政初年をピークにそれ以降は低位のまま推移していることがわかる。この点は、文政六年（一八二三）までに三八名の入門者を出し、文政二年から同七年の間に九名の入門者を送り出した愛知川《えちがわ》村が、

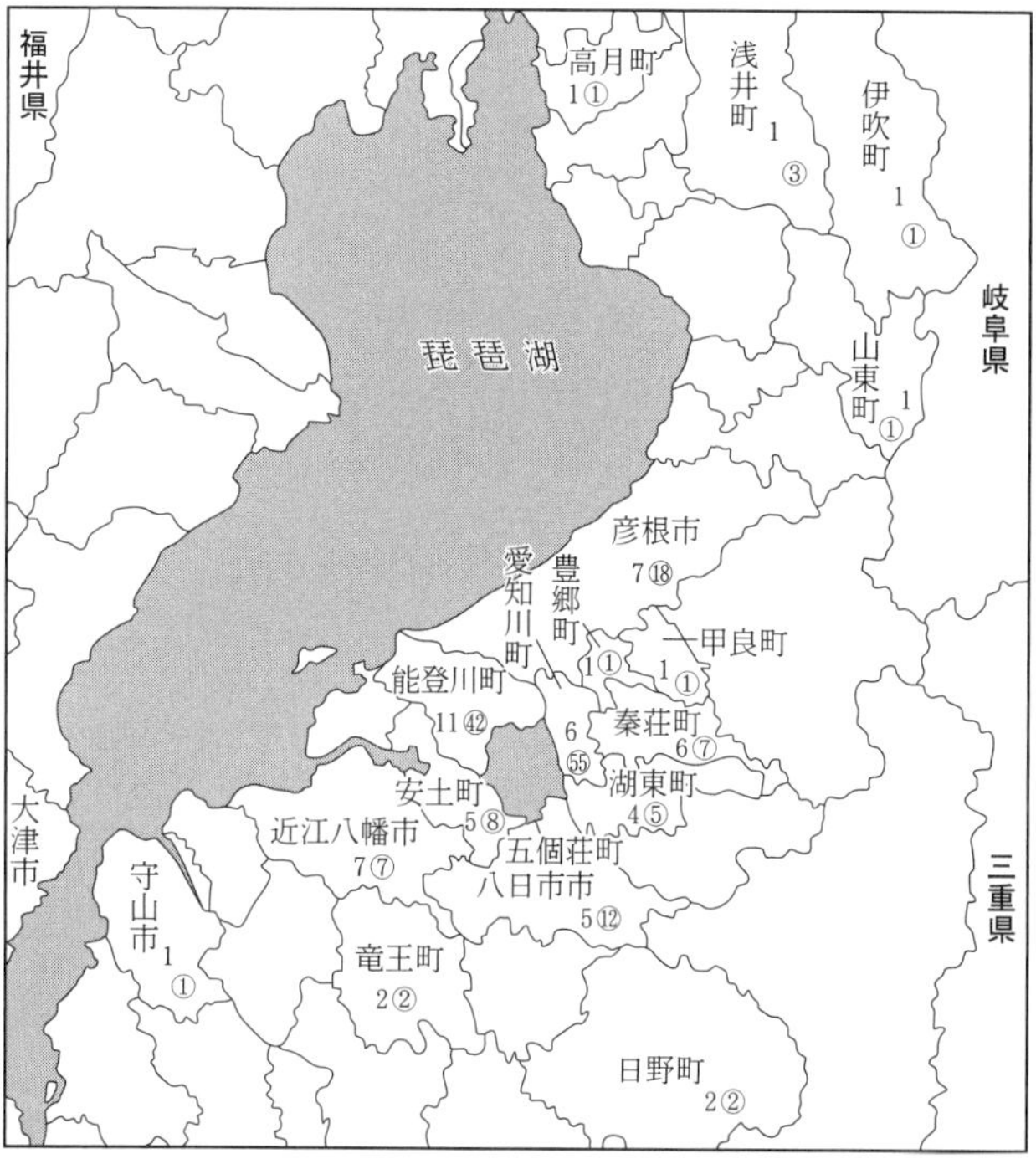

図 17　五個荘町域外出身時習斎総入門者分布図

各市町内で数字のみが村数．丸で囲んだ数字が入門者数．

高月町，浅井町は現行長浜市．伊吹町，山東町は現行米原市．愛知川町，秦荘町は現行愛荘町．八日市市，湖東町，五個荘町，能登川町は現行東近江市．安土町は現行近江八幡市．それ以外の市町はもとの市町のまま．

それ以降全く入門者を出していないことに象徴的に示されている。ちなみに、愛知川村に寺子屋があったか否かは不明だが、この頃、文政九年中村に、同十一年小幡村にそれぞれ寺子屋が開校されている。村内を中山道が縦断し、愛知川右岸に位置する愛知川村では、中山道を通るかぎり、北庄へ行くより、愛知川左岸にある中や小幡の方が近く、新規の入門者がそちらへ流れたと推測される。つまり、この時期には、周辺地域でも寺子屋の開校がみられるようになって、時習斎への入門者は、一部の特別な人々に限定されるようになったことが知られるのである。

時習斎への入門者は、図17から、五個荘町周辺地域を中心に、湖南から湖東・湖北にかけて広範囲にわたっていたことがわかる。すでに指摘したように、時習斎が元禄年間に開校され、しかも代々の斎主が医業に携わるとともに、京都遊学によってかなりの教養を積んでいたことから、その名声が広範囲に流布していたことの反映であろう。すなわち、時習斎は、在村の寺子屋といった性格だけでなく、郡や郷を越えた地域の教育機関的性格をあわせ持っていたことを示している。

遠方からの入門者は、当然自宅から通学することはできず、何らかの形態での下宿生活に入ったと思われる。そこで、門人録に「寄宿」「寄留」「内習」といった言葉のある者、寓居先を明記した者で、明らかに下宿生とわかる者を数えてみると八七名になった。このなかには、北庄に自宅がありながら、時習斎に「内習」として、いわば内弟子となっている者が七名、五個荘町域の者で「内習」となっている者が八名、そのほかは、五個荘町域外から入門し、時習斎に寄宿するか、近在に下宿して時習斎に通学している者である。ちなみに、門人録に記載された寄宿生の最も早い例は、安永六年（一七七七）の「長村《おさ》（湖東町）彦四郎子」彦五郎で、「手前寄宿」とあり、また安永八年には、「彦根魚屋町武右衛門子」源六が「七里より通い」と記されている。内弟子や下宿の形態が、十八世紀後半には始まっていたことが知られるのである。

遠隔地からの寄宿

次に遠隔地からの寄宿について検討していく。そのために作成したのが表5である。門人録が、初期の比較的簡単な記載から、次第により詳細な記載へと推移しているため、初期の段階では不明な部分も多いが、入門者の性格などいくつかの点で興味深いことが指摘できる。

まず一つめは、京都市や浅井町八島《やしま》村などからの入門者にみられるように、北庄ないしはその周辺村々に縁戚者をもっている場合である。

表5　時習斎遠隔地入門者一覧

旧市町名	村　名	保護者名と続柄，寓居先	寺子名	入門年月日	備　考
高月町	柳野	北庄（行願寺）恵観子所化	随願寺	文化 11.4.24	内習
浅井町	八島	位田長兵衛甥	乙次郎	寛政 2.2.11	
〃	〃	源七息，北庄弥惣右衛門寄宿	永次郎	文政 4.1.18	
〃	〃	三郎右衛門息	留三郎	文政 6.7.19	
伊吹町	藤川	藤右衛門，小幡より来ル	藤右衛門	天保 11.11	夜素読
山東町	長久寺		市次郎	天明 2	
日野町	音羽	北庄行願寺甥	恵眼	明和 8	素読
〃	安部井	増右衛門娘	こと	文政 7.8.16	
守山市	大林	佐兵衛子，築瀬作兵衛より，後，与左衛門より来	金蔵	寛政 4.3.11	
竜王町	弓削	九兵衛子	軍治	明和 6	
〃	鵜川	小幡佐右衛門姪	とめ	明和 8	
京都市		村彦六孫，九郎兵衛子	熊吉	寛政元 .8	
〃		北庄八郎兵衛甥	永次郎	文化 8.8.1	
〃		北庄作右衛門従弟，藤兵衛息	藤次郎	文化 11.8.15	

二つめは、高月町柳野《やないの》村からの入門者随願《ずいがん》寺《じ》の例である。「当所恵観子所化」とあるから、北庄にある行願寺住持の子弟で、随願寺に入ったあと、修業のため時習斎に「内習」として入ったのであろう。このほかの行願寺関連の人物としては、明和八年（一七七一）に行願寺の甥である音羽《おとわ》村の恵眼《けいがん》が「素読」学習のため時習斎に入門している以外にも、文政五年、天保五年、嘉永五年、同六年、元治二年の五例が確認できる。こうした僧侶の縁者だけでなく、神官や医師の子弟などで、素読、講尺、易学などの学習に従事した者が相当数みられることは、時習斎が単なる読み書き中心の寺子屋ではなかったことを示している。

三つめは、伊吹町藤川《ふじかわ》村の「藤右衛門」のように、成人ながら小幡村に下宿し、「夜素読」の学習を行っているような者の例である。この事例から、時習斎では、僧侶、神官、医師といった特定の者だけでなく、一般の成人に対してもそれにふさわしい成人教育を行っていたことが知られる。たとえば、時習斎では、いったん寺子屋学習を終えたあと、数年後に「再学」、つまり再入学し、より高度な成人教育を受ける者が多かったようである。その一例を次にあげておこう。

すでに取りあげた野村単五郎は、文政十年（一八二七）北庄に生まれ、大正元年（一九一二）に死去した。はじめは父清左衛門のもとで商人として成長し、維新後は、明治二年民部省から通商司京都通商会社の副頭取に任命されて、外国貿易での日本側の主体的立場の構築を主張した建言書を政府に提出し、また小学校の開校に尽力した。さらに、第四区区長、県会議員を勤めるなど、多方面で大いに活躍した。この単五郎の少年時代の学習ぶりは、前にみた「履歴書」のとおりだが、単五郎一九歳の時、つまり門人録の天保十二年（一八四一）の条にも、「清左衛門息清太郎」の記載を見出せる。清太郎は単五郎の幼名で、彼は寺子屋学習のあと、数年を経て再び時習斎で勉学に励んでいた。単五郎の後年の活躍は、こうした再学による高度な教養の蓄積によって実現されたと考えられるのである。

四つめは、八島村の永次郎や大林《おおばやし》村の金蔵の例である。この場合も何らかの伝手によって下宿することになったのであろうが、縁戚関係ではなかったようである。北庄やその周辺村々にそれほど緊密な関係を持たない遠方からの入門者が相当数あったのは、時習斎の存在が広範囲に知られていたことを物語るとともに、村落上層を中心にして、かなり早くから就学熱が高まっていたことを示唆しているのである。

6 五個荘商人の教養と商業倫理

書物の貸し借り

これまで時習斎の門人録を素材に、近世中後期における五個荘町域の寺子屋入門者の動向を探ってきた。その結果、当地では、時習斎にみられるような寺子屋学習や成人教育が、この時期活発に展開されていたことが明らかになった。この地域が近江商人の三大拠点とまでいわれ、多数の五個荘商人を輩出させたのは、そうした学習の成果だといってよいだろう。

では、五個荘商人は、寺子屋での学習や商業活動での体験をふまえて、どのような商業倫理を獲得したのだろうか。また、そうした商業倫理は、五個荘商人の活発な商業活動の展開とどのように関わっていたのだろうか。次に、こうした問題を五個荘商人の家訓を取りあげて考えてみよう（『五個荘町史』第三巻　史料1、一九九二年）。

五個荘町域は、早くから学問に対する関心が高く、かなり教養のある寺子屋の師匠や僧侶がいたことで、近世後期になると、一般の人々も高い教養を備えるようになった。その際、時習斎の歴代の事例からわかるように、京都との関係が深かったことに注目する必要があろう。当地を中山道が走り、京都への行程が徒歩で一日であっただけでなく、近世後期には、当地の商人で京都に出店を持つものが増加していったからである。こうした点を念頭におきながら、近世後期における当地の人々の教養について考えてみる。

当地の多くの家には、近世後期の手習いの本が数多く残されている。そうした書物には、たとえば、「右門人手学問のために字を逐一考訂してこれを書写し授与せしむ。この節雪中凜寒、毎字筆をせめてこれを書すこと。時に寛延第三暦（一七五〇）。（中略）手に満ちる宝なり。筆の力草　授与　高田《たかだ》善次《ぜんじ》。（中略）文政十二歳（一八二九）。（中略）北庄　高田善三郎」（「高田善家文書」）といった記載が奥書にみられる。これは、高田善次が寺子屋の師匠がみずから認《したた》めた手習いの教科書を授与され、子孫がそれを後々まで大切に保存していたことを示している。当時、書物は現代に比べはるかに貴重品であったため、誰もが容易に入手できるものではなかったのである。それゆえ、『一休咄《いっきゅうばなし》』の奥書に、「この本が何方へ参るとも、早々に御帰し下さるように。以上。本ぬしより」（「高田善家文書」）とあるように、本の貸し借りがあっても、自分の手元に必ず帰ってくる手だてをはかっていた。書物を大切にする気持ちがよくにじみ出ているのである。

教養の深まり

五個荘町域の人々の教養はどのようなものであったのだろうか。当地の家々に残されている蔵書を手掛かりにしてみておこう。

木流の深尾忠一郎《ふかおちゅういちろう》家は、近世から商業活動に従事しており、現在も近世の多くの書物を所蔵している。そのなかには、『商人書状蔵』『商売往来』『女要文章』『女商売往来』といった手習いの刊本、『萬福塵却記《まんふくじんこうき》大成《たいせい》』『きおくでん』『算術暗誦』などの算学書、『聖教《せいきょう》郡会《ぐんかい》』『東湖先生皇国尽《とうこせんせいこうこくづくし》』などの儒学関係書、『大徳寺《だいとくじ》開山大灯国師《かいざんだいとうこくし》法語《ほうご》』『一休和尚法語集』のような仏教書、大龍《だいりゅう》編『三賢一致書』のような神儒仏三道一致書、『東照宮御遺教《とうしょうぐうごいきょう》』『善悪種蒔鏡和讃《ぜんあくたねまきかがみわさん》』『日々家内心得之事』といった教訓書、『古今和歌集』『無言抄《むごんしょう》』『万葉《まんよう》出放題集《でほうだいしゅう》』などの和歌・連歌・俳諧の書、『菅原伝授手習鑑《すがわらでんじゅてならいかがみ》』『明烏夢泡雪《あけがらすゆめのあわゆき》』などの浄瑠《じょうる》璃《り》・新内《しんない》の書、『郡名所』などの名所案内記、『早引節用集《はやびきせつようしゅう》』『新撰字類』『和漢年暦調法《わかんねんれきちょうほう》記《き》』のような辞書・実用書、さらには、役者絵、人名手本など多岐にわたっている。

深尾家のこうした特徴は、各家のそれぞれの関心のあり方によって若干の相違はあるものの、山本の片山巌《かたやまいわお》家、北町屋の市田太郎兵衛《いちだたろべえ》家、金堂の磯部幸治郎《いそべこうじろう》家、北庄の野村単五郎家、七里の三上家など、いずれも大勢においては共通していたといってよい。それゆえ、少なくとも近世後期には、当地の人々が、さまざまな分野への関心を深め、豊かな教養を身につけるようになっていたことがわかるのである。

その結果、近世後期には、当地の人々のなかで、みずから著述にあたる人物が現れてくる。寛政十二年（一八〇〇）、石馬寺の庄屋長兵衛《ちょうべえ》は、『地方一切案内日記《じかたいっさいあんないにっき》』を著して、同村の耕作状況や村民の生活の様子を書き残している。小幡の坪田利右衛門《つぼたりえもん》は、天保二年（一八三一）に、『徳本泰平録《とくほんたいへいろく》』を著して、愛知川の有名な「無賃橋《むちんばし》」架橋に関わる顛末を、その中心人物の立場で書き残した。北庄の野村清左衛門は、九州を中心に商業活動を展開した人物で、先述した単五郎の父親だが、天保十一年に、『農業心得書』という農学書を著している。同書は、北庄の各小字《こあざ》の地味を勘案したうえで、それぞれの地域に見合った有利な作物の植つけを説いたものである。また清左衛門は、天保十五年に、酒屋喜助《きすけ》、布屋利右衛門《りえもん》と連れ立って、善光寺から日光、江戸へと廻った旅の記録「道中日記」を残している。同書は、全四三日間にわたる道中の宿泊地や宿泊先を書き、道中での苦労話や名物などを面白おかしく描きつつ、道のりや付近の様子を詳しく書き留めていた。後々に行商の旅に出る者たちのことを思いやる気持ちがあったからであろう。こうした旅を通じて、人々の視野が次第に拡大していったことが推測されるのである。

右の庄屋長兵衛らの事例は、当地の人々が、近世後期になると、単に一般的な教養を深めていたというだけでなく、さまざまな分野に主体的に関わりはじめてきたことを物語っているといってよいだろう。

五個荘町域の家訓

家訓は、すでに平安時代に公家のものがみられ、鎌倉時代以降には、武家の力が伸長して、武家社会の倫理や一族郎党の結束を説くものが生まれた。さらに近世になって、大名が自家や自藩の永続をはかる目的からさかんに作成するようになった。商家の家訓は、このような武家家訓の影響のもとに、十八世紀以降、家産の維持・拡大や家業の永続を目的にして、次第に多く作られるようになった。

当地には、こうした商家の家訓が、近世後期を中心にかなり残されている。『五個荘町史資料集Ｉ』に収載された一連の家訓は、金堂の外村与左衛門《とのむらよざえもん》家、外村宇兵衛《うへえ》家、外村市《いち》郎兵衛《ろべえ》家のものである。そのほか、川並の塚本定右衛門《つかもとていえもん》家の『規則守福路《きそくもりふくじ》』、木流の深尾家の『雑記《ざつき》』『獄話《ごくわ》』『副章《そえぶみ》』、石塚の岡家に残る文政十年の「覚」、石馬寺の中村治兵衛《なかむらじへえ》家の「家訓」などである。

これらの家訓は、いずれも冒頭で公儀の法度遵守を述べ、質素・倹約などを説いた箇条と、奉公人への賞罰や勤務規定などを定めた箇条からなっている。家訓は、一般的にいって、成功した老年者が、家名と家業の継承、繁栄をはかるため、自分の商業活動の体験や苦労をもとに、その間に培った教養によって潤色を加え、子孫や店中に与えた訓戒の書である。そのため、進取の気性というよりは、保守的な守成の面を重視したものとなっている。それは、神仏が当時の人々の信仰生活に深く関わり、儒学が社会道徳の根本になっていたように、いずれも当時の人々を内から規制する側面を持っていたからにほかならないのである。

こうした家訓は、いずれも勤勉、倹約、正直、堅実、堪忍、知足、分限といった徳目を重視している。以下、そうした徳目重視の背景になっている、人間観や世界観などに留意しながら、五個荘商人はどのような商業倫理を獲得していったのかを考えてみよう。

人の道

川並村の農民で、若い時から行商の旅に出、苦労しながら財をなした塚本定右衛門は、嘉永元年（一八四八）に著した『規則守福路』に、「人間《じんかん》の役目」を次のように記す。

人は、一生無難で憂いごとが少なく、楽しみが多くありたいものだ。しかし、浮世にある限りは、人倫の道があり、日々当然の務めを行わねばならないものだ。人の貴い者も賤しい者も、皆その上々の者があって仕える人がある。今日主人ある者は主人に仕え、親のある者はその親に仕えるため、日々自分の勤めを行い、稼いで身を立て、家を興し、親や主人に忠孝を尽し、安楽にさせるまでは世間での役目が立たない。人は一生を終わるまで、どれほど富み栄えても、これでもはや安楽だとは、凡夫の浅ましい者でも思うことはできない。愚かな者は、このことをしまい、この用を逃れて、早々安心したいと思うが、その用をしまえば、しまい次第にまた重き用ができて、尽きることはない。

人は、現世を無難に憂いなく暮らすことを願うが、世間で自分の役目をはたすためには、日々怠ることなく、忠孝という人倫の道をたゆみなく行わねばならない。それが浮世に生をえた人の務めだという。なぜなら、宝暦四年（一七五四）の中村治兵衛家の家訓に、「貧も富も我が一心にある。悪心が起これば家を保つことができない。家を我が子に譲る時まではわずか三〇年だ。その間は謹んで奉公の身と思え」とあるように、家の存続が最大の課題であった当時では、家を譲って隠居するまでは倹約と質素に努め、たゆみなく家に奉公を続けなくてはならなかったからである。それゆえ、『規則守福路』に「国に法度がなく、家に規矩《きく》がなくては、風儀が乱れて禍《わざわい》が起こりやすくなる。だから規矩がなくては叶わない。前条に書いた掟は当家の法度ゆえ、家風を乱したならば、不忠の名を受けることになろう」とあるように、忠が主人への忠にとどまらず、家への忠として機能するにいたったのだ。

また、安政三年(一八五六)に書かれた外村与左衛門家の『心得書』に、「人をそしり告げ言中か言は堅くいうな。常々陰ひなたのないように嗜《たしな》め。正しくない心得があれば人の道に叶わず、将来難儀の基になるから、必ず慎むように」とか、「およそ人の道としては、貴賤ともに正直で苦労をせねばならないはずだ。若い時から早くこのことを知れば、人の道に叶い、必ず立身するだろう。常々このことを忘れず精心を尽して勤めよ」とある。すなわち、人の道とは、告げ口や中傷をせず、陰ひなたなく、正直で苦労をいとわないことだとされている。この人の道は、『規則守福路』の「日々当然の務め」と同じことをさし、対人関係との関わりにおいて、より具体的に表現されたものである。では、ここでいう人の道をはたすことが、なぜ立身することにつながるのだろうか。この点を次に考えてみよう。

天の道

『規則守福路』は、天道について次のように記す。

天道好還といって、車の輪がめぐるがごとし。何事をするにも、人のためだと思ってはならない。人のことと思えば、物事に憂きことと思って、早く退屈し怠りを示して、勲功を遂げがたい。己が働きしことは皆己がことで、いずれへも行かずして、終には己に帰るものだ。

自然のめぐりあわせにより、日々太陽が東から昇って西に沈み、毎年春夏秋冬のくり返しがあると同じく、自分の行為は、人のためではなくすべて己に帰ること、つまり「汝に出るものは汝に帰るものなり」とされ、自分の努力は結局、自分自身のためなのだと主張するのである。

同書はこのあと、『論語』の「積善の家には必ず余慶有り」の条を引用していることから、『論語』の「古の学ぶ者は己がために為し、今の学ぶ者は人のために為す」を受けた言葉と考えられる。これはどういう意味なのだろうか。ちなみに、近世後期の著名な儒者である佐藤一斎《さとういっさい》（一七七二～一八五九）は、『論語』の右の言葉を受けて、嘉永四年（一八五一）に著した『言志耋録《げんしてつろく》』で、「この学は、己の為にする。もちろん必ず自分自身での会得を尊ぶべきだ。雑駁《ざつぱく》に装い飾ってはならない。近時の学は、ほとんど他人の為に嫁衣装をするのと同じだ」と、学問は自己の道徳的完成のためにするべきだと説いていた。先の定右衛門の言葉は、必ずしも一斎のいう自己の道徳的完成を主眼としたものではないが、「己が働きしことは皆己がこと」という主張には、自己の行動責任は自己が担うべきだとする考え、すなわち、己という強固な自己意識を認めることができる。『論語』の学問への心がけを商人の立場で読みかえたといってもよいだろう。

定右衛門は、自分の努力は自分自身のためだという考え方にたって、「人は立身出世をしようと思えば、兼好法師の徒然草にいうごとく、万事外に求めてはならない。ただこころもとを正しくするように」と、立身出世は自分自身で人の道を十分に尽くすことで実現できるというのである。

定右衛門はまた、「物一つ何によらず天の器物だ。そうであれば、その道理を真にさとり、天の冥鑑《みょうかん》（人々が知らないうちに神仏が衆生をみていること）を畏れて、ほしいままに天物を腐《くた》さないようにと思うように。これが徳をなす本で子孫長久の基だ」と述べ、さらに

「万《よろず》の代呂物は、（中略）埋り置く時はいよいよ天性に背き、利潤の外に大なる罪あることを知るべきだ」という。商品を在庫のまま活用させないことは、天物たる商品の本来あるべき天性を無駄にさせることだから、利潤という観点だけからでなく大いなる罪だと主張する。つまり、商品は商品として活用されてはじめて意味をなすのだから、商人としてはこの原点に立って、在庫のまま商品を死蔵すべきではないというのだ。天の名において、目先の欲にかられた売り惜しみを否定して、商人倫理を説いたことがわかるのである。

自利利他の弁利

こうした考え方は、『規則守福路』だけでなく、外村与左衛門の『家之掟』や『心得書』にも同様にみられた。たとえば、『心得書』に、

古来より我が家相伝の駆け引き方は、自然天性にして我が勝手ばかりをはからうことは一切してはならない。自他ともに便利になるように深く考え、勤め行うべきだ。ただ天性成り行きに随い、家の作法がその筋目にたがわざるように、目先当前の名聞に迷わず、遠い将来を平均に見越し、永世の義を貫くようにせよ。

とある。これは、足立政男が「老舗における消費者サイドの経営哲学」（『市邨学園大学開学記念論集』一九八〇年）で詳しく論じたように、「自己・相手方・第三者（社会）の利益と安

心と幸福を目ざして活動する」という、「自利利他之弁利」を知って経営すべきことを説いたものである。自然天性とか天性成り行きに随うとは、目先の欲につられて「売り惜しみ品物を不弁利」にすることではない。短期的には「損もあれば、また益もある」のだが、長期的には、「高下は冥加のほかに始終平均のもの」なのだから、遠い将来を平均に見越し、永世の義を貫くことが、天理にかなない、将来にわたって正義を貫くことになるというのだ。「取引向き平等心」が説かれ、「実意」の商いが強調されるのも、こうした考え方がその背景にあったことが知られるのである。

人の道と天の道

では、人の道と天の道とはどのようにして統一されていたのだろうか。弘化三年（一八四六）の『家之掟』に、「誠は天の道なり。誠を思うは人の道なり」とあり、外村宇兵衛家の安政三年（一八五六）の『家訓』にも、「誠は天の道なり。誠を思うは人の道なり、と中庸にもある」と記されている。これは、儒学の教典である『中庸』や『孟子』の有名な言葉で、天道の運行は、自然の法則として一つの誤りもないように、万物にあまねく、古今に貫いている誠、それが天の道である。人はこの天の誠に背かないようにすべきで、それが人の道だということを述べたものである。

こうした考え方を前提にして、『心得書』は、たとえば、「売婦に交わる者は必ずその病気を受け、（中略）この病苦に苦しみ責められては、忠勤は勿論、親には第一の不孝となり、人の道に叶わず。天の憎み給う所で、とても立身成りがたし。後悔するとも元には戻らず」と説く。「悪病」にかかり、主人への忠勤や親への孝行ができなくなれば、それは結果的に、人は本来的に忠孝を尽すべきだという、人の道に背くことになる。それはかりか、天の道にも背くことになって、天の憎しみを受け、立身もできなくなるというのだ。

ちなみに、忠についてもう少し詳しくみると、『心得書』には、「我が身のため主人へ忠勤を怠ってはならないこと」とか、「君を思うは我が身を思うなり」といった言葉がみえる。これは、我が身の「身心安穏」には、家の「無事長久」が必要だが、「私の心にまかせ」、「我が一己のはからい」を専らにすれば、結局は「家の作法」をそこない、「家相続」ができなくなって、「立身出世」も幻になってしまう。だから、自分のためを思えば、すべてにおいて主家の存続を第一にして、主人への忠勤を尽すべきだというのだ。こうした事情があった訓のなかで最も基本的な徳目としてくり返し強調された背景には、こうした事情があったのだが、同時に、勤勉、倹約、正直、堅実、堪忍、知足、分限といった徳目も、人の道と天の道という、同様の論理構成のなかで強調されたのである。

なお、『規則守福路』はその奥書で、「家の者」が同書を読み、主人の胸中を十分に熟知して行動すべきことを求めている。定右衛門は、行商の合間の読書と行商での経験知をふまえて、自分なりに考え、工夫して右のような思想を獲得した。そうした自分の思想を家の者にまで及ぼすことで、塚本家という家のレベルで「修己治人」を実現させせんとしたのであろう。「修己治人」が、家や店の管理にまで応用されたことがわかる。幕末期には、儒学が民衆社会のなかに広範に浸透していたことが知られるのである。

野村単五郎の建言書

最後に、これまでに何回も登場した野村単五郎の建言書を取りあげてみよう。単五郎は明治二年（一八六九）、大津に設立された通商・為替両会社の頭取並となったが、同年十二月、みずからの九州方面での商業活動の体験をふまえて、建言書を維新政府に提出した（菅野和太郎『近江商人の研究』有斐閣、一九四一年）。内容は次のとおりである。

まず、外国貿易では、「始計」つまり、「彼と己の智愚強弱貧福を目算し、これと通商して勝利を得るべき計画を究めて後事を発する」ようにするべきだ。しかし、現実には「規則」が充実していないため、各国商人の思うままにされ、「人に致すにあらずして人に致される」状況、つまり外国商人に主体的に働きかけるのではなく、外国商人に使われるような状態になって、「我が国の損失」ばかりが増大し、「国力疲弊」がいよいよ進展している。

だが振り返ってみるに、「我が江州《ごうしゅう》通商の者は、たとえば関東や西国、日本の内で初めて売買を開くにも、まず始めにその地理人情の勝劣測量の者を求め、その後でその地に行って、土産風俗の好みを探り、賢察のうえその商売を開いて」きたため、大利を得ることができた。ところが、現在の外国貿易では、外国商人が江州商人のやり方をふまえているのに対して、日本商人は「商法について各国の事情窮理探索に渡り、商法通達の奥義を究める」者がいない。その結果、こうした悪い状況になってしまった。だから、こうした状況を克服するためには、「自国旧弊の機を一洗し、日本通商社各国巡察をはじめ、彼の国に赴き、国々通商の規則人情土産の基を細かく選び、皇国万民有用弁理の産物を交易し、不用玩弄の品は拒否し、彼を知り己を知るならば百勝の商利を窮理し、そのうえで巡察後帰国した事業通の者を通商社頭取に任命し、交易の機根を固め、規則を万国共通にする」必要がある。具体的には、「江州の商人をして各国巡察に出張させ、大政府より軍艦水夫揖取通詞書記儒者算者医師画工の類を副え遣わされ、彼の地に到る日、地理、土人の情、産物諸品の出所多寡分数まで知覚」させることが大切だ。

単五郎の建言書は、冒頭に「およそ物に本末のことあり。この理を推してそうして始めて規則が建つ。これを始計という」とある言葉からわかるように、根本の道理を重視する儒学思想によって立論している。それと同時に、自身も含めた五個荘商人のこれまでの商業活動から得た体験に基づいて、外国貿易での日本側の主体的な立場の構築に向けた大使節団の派遣を提案していた。幕末段階には、民衆の中から日本とか外国貿易の問題を、自分が獲得した学知や経験知をふまえたうえで議論する人々が生まれていたのである。

五個荘町域での右のような文化的思想的状況は、地域差や時間差にある程度の違いはあるものの、十九世紀の日本列島に共通する事態であった。三都を中心とした都市的な世界が、この時期には地方のすみずみにまで広がり、各地域で個性あふれる民衆的世界が拡大しつつあったのである。

創意工夫する現代社会

江戸前期

近世は人が自立してくる社会であった。近世の人々は、学知と経験知をふまえながら、みずから考え、工夫して行動し、自己の課題や関心に促されながら、さまざまな思想を形成していった。そうした思索活動は、最初は一部の人々に限られていたが、やがて大名や一般武士に広がり、さらには民衆の中間層がそうした活動に加わっていったのである。

彦根藩主の井伊直孝《いいなおたか》は、戦国の争乱を終結させた統一政権のもとで、自己の領国経営に際し、治者として、領国の安全と安心を維持するという、みずからの課題を自覚する。その実現のために、自己の体験を徹底的に反芻《はんすう》しつつ、林羅山《はやしらざん》や僧侶などとの交友を通じて、新しい考え方を学び、自立した思想を獲得するにいたった。その結果、江戸にいながら、領国内の出来事を細部まで十分に把握したうえで、世子《せいし》や家老衆などを叱咤鼓舞《しったこぶ》し、みずから考え、工夫・思案して、問題に対処することの大切さを理解させようとした。直孝のそうした考え方や指示は、当時の藩社会にとって、一定の妥当性を備えていた。そのため、代々の藩主や家老衆に受け継がれ、やがて「御家風」として定着したのであった。

那波活所《なばかつしょ》は、師藤原惺窩《ふじわらせいか》の、己が心、己が力こそが問題だとする、人の主体的営為を重視する立場を継承し、みずから考え、工夫することの大切さを強調して、「思」を「学」と同等の高みにまで引きあげた。そうした考え方は、中世までの神仏に頼った社会から、人の自立を促す思想の出発点になった。さらに活所は、気の活動性を重視し、芸術欲などの社会に活力を与える欲望を肯定する立場を鮮明にする。そして、命あるものとの共感や共鳴の大切さを強調して、「一才一芸」を積極的に肯定し、近世の文芸の発展を用意した。こうした活所の考え方は、自然体や行雲流水、不動心などを重視する近世社会にふさわしい思想であった。また活所は、近世という新しい時代にふさわしい中人の向上可能性を追求することで、農民や町民の成長を思想面から後押ししたのである。

江戸中期

近世中期になると、一般の武士や庄屋層などの中間管理職に相当する人々もまた、みずから考え、工夫して行動することで、自立した生き方を目指すようになった。

宮津藩の沢辺《さわべ》北溟《ほくめい》は、幼少から儒学を学び、学問を修めることで、藩主に認められて出仕した。宮津藩は、将軍家光《いえみつ》の側室で綱吉《つなよし》の生母である桂昌院《けいしょういん》（一六二四～一七〇五）の義弟が取り立てられ成立したことから、歴代の藩主がみずからの権威づけのため、幕府の要職に就こうとし、多額の金銭が必要な猟官運動に熱心であった。そのため、北溟の頃には藩財政は破綻寸前であった。北溟はそうした状況下で藩主に登用され、財政の安定化を任された。そして、三十数年の間、大坂や京都などの上方《かみがた》で金策に奔走し、城代にまで出世した。近世は、井伊直興《なおおき》が家臣に、戦時の討死に相当する「畳の上の奉公」を求めたのに対応するかのように、一般武士である山本常朝《やまもとつねとも》が主君への没我的献身を強調していた。北溟もまた、主君に本心からの仁政を求めながら、他方で、主君から「頼む」といわれれば、「討死」と同じ心得で対処すると述べ、これが臣の道だと主張していた。しかし同時に、北溟は、半信半疑で儒学を学びながら、凡夫たる常人として生きることを強調し、二度の蟄居《ちっきょ》処分など、現実との葛藤のなかで内省をくり返し、決断力と行動力に富んだ思想を獲得したのであった。北溟の「ただ士は士になるべし」との言葉は、あくまで自分は一人の士として生きるのだと宣言したものだったのである。

庄屋の河内屋《かわちや》可正《かしょう》や西村次郎兵衛《にしむらじろべえ》は、みずからの学習と経験を積むことで、中人としての自己を確認しつつ、修己治人を実践した独特の思想を獲得した。可正は、聖賢の教えに随《したが》うだけでなく、みずからさらに工夫し、また、状況にふさわしい対応を取るためにも工夫すべきだと強調する。読書や体験をふまえたうえで、さらに、そうした智恵を応用して活かすために、自立した生き方を目ざしたのである。

次郎兵衛は、子孫への大部な家訓を残した。そこでは、家を維持し、家業や村を守るためのさまざまな処方が示されているが、根本は、修身斉家を実現するため、意（こころばせ）を誠にせよということであった。次郎兵衛は、この問題を解決するため、自分の獲得した儒学や仏教の教えをもとに、自分なりの仕方で再構成する。そして、自立して誠意を実現するためには、何事であっても、常にみずから考え、工夫し、思案して行動することが大切だと主張する。次郎兵衛にとって誠意は、〝おのが自由〟を確保するための工夫だったのだ。彼は、こうした考えをまとめるため、文章構成をよく練り、書きたいことを適切に表現するまでにいたったのである。

江戸後期

やがて近世後期になると、各地に独特な文化が成長してくる。たとえば、近江国《おうみのくに》の五個荘町《ごかしょうちょう》地域では、早くから寺子屋が発達し、そこで獲得された読み、書き、算術の知識を活かし、多くの豪商が輩出した。この地は今日、近江商人の三大拠点の一つとしてよく知られているが、多くの五個荘商人が生まれた背景には、次のような事情があった。すなわち、この地にあった寺子屋時習斎《じしゅうさい》は、元禄《げんろく》期から存続し、多くの寺子を教育した。その結果、幕末期には、時習斎のあった北庄《きたのしょう》村では、ほぼ皆学が実現されていたことから、この地域の人々の教養は、近世後期の段階で相当に高かったといえるのだ。

たとえば、川並《かわなみ》村の豪商塚本定右衛門《つかもとていえもん》は、衰退していた店を一代で復活させ、子孫に家訓を残した。その家訓では、「己が働きしことは皆己がこと」との主張がみられ、己という強固な自己意識を認めることができる。また、商品は死蔵させるなという、目先の欲にからんだ売り惜しみを否定する、商人倫理を説くまでにいたっていた。定右衛門は、塚本家という家のレベルで修己治人を実現せんとしていたのだ。

また、時習斎に学んだ野村単五郎《のむらぜんごろう》は、父とともに行商活動に従事しながら、成人後も時習斎で再度学び、明治二年（一八六九）には、明治政府に建言書を提出した。その趣旨は、外国貿易で外国側に惨敗の日本の状況を指摘したうえで、近江商人が日本列島で行ったのと同様に、欧米に大使節団を派遣して敵情を探り、日本側の主体的立場を構築せよというものであった。単五郎もまた、自己の学習と経験をふまえて、みずから考え、工夫することで、自立した一人の人間に成長していたことがわかるのである。

身分型自立の社会

近世は、右の人々のように、大名から庶民にいたるまで、さまざまな身分の人がそれぞれの立場で、みずからの課題に答えるため、必死になって考え、工夫して行動する社会になっていた。人が人知への信頼を深め、みずからの力で問題を解決すべきだと考えるようになった社会だったのである。

水本邦彦は、戦国時代の自力による自助の社会を「自助型自力」の社会といい、近世は領主も農民もおしなべて、それぞれが身分型自力を体現した社会だと規定した（『村―百姓たちの近世―』岩波新書、二〇一五年）。水本のこうした規定になぞらえるなら、次のようにいえるだろう。すなわち、中世は、個人の「さかしら」（才覚）が否定され、地縁や血縁が優先される団体型自立の社会であった。これに対して近世は、領主も農民や町民もともに、個々人が、自己の課題を解決していこうとする、身分型自立の社会になったと。

近代は、そうした到達点から新たに出発することになった。現代は、そうした状況がさらに進み、あらゆる場面で考えよ、考えよ、という主張の大合唱が聞かれるようになっている。

考える葦

本書を書きはじめた、二〇一六年十一月の『朝日新聞』の記事を取りあげて、右の事情について検討してみよう。

まずは、現代と江戸時代（近世）の時間差についてみていく。十九日には、日野原重明《ひのはらしげあき》（当時一〇五歳）が、アメリカの神学者、ラインホルド・ニーバー（一八九二〜一九七一）の次の言葉を紹介している。

神よ、変えることのできるものについて、それを変えるだけの勇気をわれらに与えたまえ。それを受け入れるだけの「冷静さ」を与えたまえ。そして変えることのできるものと、変えることのできないものとを識別する「知恵」を与えたまえ。

右の主張は、鍋島直茂《なべしまなおしげ》が、息子の勝茂《かつしげ》への教訓のなかで、神仏に祈るのは、「問題によって」であり、人の力で解決できることは人の力ですべきだと諭した事例と、発想がきわめて酷似しているといってよい。だが、両者は一方が神学者で、他方が政治家という立場の違いだけでなく、三〇〇年以上の時間差もある。この違いはどう考えればよいだろうか。

たとえば、直茂と同時代のフランス人パスカル（一六二三〜六二）は、キリスト教を深く信仰しながら、同時に著書『パンセ』のなかで、あの有名な言葉、人は「考える葦」だと主張した。つまり、人の可能性を「考える」能力に求めたことが知られている。そうであるとすれば、先の神学者の言葉は、パスカルの延長線上にあることが理解できよう。神学者と直茂とでは、時代も社会背景も全く異なってはいるが、直茂と同時代に生きたパスカルを間に入れて考えれば、神を信じるか否かは別にして、両者の考え方に本質的な差異はないといってよかろう。直茂の主張は、現代でも十分に通用する考え方であり、江戸時代と現代は、それほどかけ離れてはいないように思われるのである。

思いやりと共感

もう一つ例をあげてみよう。三十日には、二〇一六年度の京都賞を受賞したマーサ・ヌスバウム（六九歳）が、日本の研究者と開いたフォーラムでの言葉が次のように引用されている。

「人には自らの動物性や弱さ、不完全さに対する嫌悪感と羞恥心があり、こうした感情を他者に投影することで解消しようとする。その結果、人種や性別、障害者や高齢者への差別や偏見が生み出される」と指摘。差別や偏見を払拭する社会運動や法的措置の必要性を訴えた。

同時に、思いやりや他者に共感する力の大切さを強調。「思いやりの感情が社会を安定させ、法律や社会保障制度を支える」と述べた。

そうした思いやりや共感能力を育む手立てとして、芸術や文学などの人文科学の重要性にも触れた。「経済成長優先の下、世界的に人文科学が軽視されつつある。しかし、芸術や人文科学は、民主主義に必要な批判的思考力や他者に共感する想像力・思いやりを醸成する。人文科学教育は不可欠です」。

ここでは、「思いやりや他者に共感する力の大切さ」が強調されている。ただし、この思いやりと共感は、セットではじめて意味をなすのであり、別々ではまるで意味をなさない。共感に裏打ちされない思いやりは、御節介や自分勝手に通じるマイナス価値に陥りやすいからである。その反対も同様であろう。

すでに取りあげた那波活所は、人間的生の本質を人と人の間やものに共感(感通)・共鳴する活動性にあるとし、そうした共感能力を高めるために、詩文書画といった芸術の大切さを強調していた。さらに、孔子《こうし》が『論語《ろんご》』で、「夫子《ふうし》の道は忠恕《ちゅうじょ》のみ」と、真心と思いやりの心が大切だと主張したように、儒者にとって、真心と思いやりはセットで重視されていた。儒者である活所が、同様の考えを持っていたことは明らかであろう。活所はそこから、「思」つまり内省を重視する、独特の中人思想を展開したのであった。

さらに庄屋の西村次郎兵衛は、訴訟にいたらない方策を考えていくなかで、自分の難儀ばかりを主張するのではなく、相手の事情を考慮した対応が必要だと考えるにいたった。彼もまた、相手への共感と思いやりが大切だと認識していたことがわかるのである。

江戸時代の人々の考えというと、どこか遠くの国の人々の考えのように思われるが、以上の二つの事例からわかるように、江戸の社会と現代とは、それほどかけ離れてはいなかったのである。

本書の最初に、〝人を救うのは人だけだ〟というフレーズが、現代では当たり前になっていることを指摘し、そういった感覚がいつ頃から成立したかを課題にすると述べた。そして、それが戦国時代末から近世初め頃と想定し、書き進めてきたわけだが、この想定が、以上の二例からも間違ってはいなかったことが確認できたように思うのである。

「考える文化」の成立

みずから考え、工夫して行動することは、本書で明らかにしたように、近世に成立し、現代にまで引き継がれた共通の感覚で、おそらく正しい態度ではあろう。しかし現代では、やや安易に強調されすぎて、本来のあるべき姿勢とは少しかけ離れたかのように思われる。考え抜くという作業は、大変なエネルギーの要る力業であり、工夫もまた、本来「てま」

「ひま」をかけるという意味で、多くの時間をかけてなしとげる行為をさし、誰でもが簡単にできることではないからである。

現在、どうすれば考え、工夫することができるようになるか、を説いたハウツー本が多く出版されている。しかし、本当の意味で、みずから考え、工夫する態度を身につけるためには、ハウツー本をいくら読んでも無理だろう。自分自身で、さまざまな機会に、深く考え、工夫するという試行錯誤をくり返していくなかで、自分にあった仕方を体得していくほかに方法はないように思われるのである。

本書で考察した、みずから考え、工夫することが大切だ、という姿勢は、大名・一般武士・庶民という、身分が異なり、ものの見方や考え方に大きな相違がある人々の間においてさえ、自分たちが自立するうえで大切だと、共通に認識されていた。こうした事実は、「考える文化」が幕末期の日本列島で成立していたことを示している。つまり、民衆の自立への道がこの段階にたしかに切り開かれたといえるのである。

これに対して、現代の我々は、近世の人々に比べ「身分」という修飾語に象徴された多くの制約を取り除かれている。近世よりも、はるかに自由に自分たちの生を生きることができるのだ。だから、みずからの思いに自由に、みずから考え、工夫して、自分たちの道を歩んでいけるはずである。しかし問題は、現代の我々がいっそう自立していくために、どうすればよいかということだろう。何でも考え、工夫しないといけないとするならば、多くの人は窮屈になって、ストレスがたまるばかりだろう。だから、自分にとって何が大切なのかをしっかり見きわめ、その問題に関しては、とことん考え、工夫し、その他の雑多な問題は、しなやかに遊び心をもって対応する、といった仕方も一つの方策ではあろう。

智解ある人

本書で指摘したように、『徒然草《つれづれぐさ》』は、当時のきわめて少数者である知識人のうちにすら、本当の智解《ちげ》ある人は稀だと嘆いていた。この智解ある人を私なりに定義すれば、次のごとき人のことだろう。すなわち、あらかじめ定まった答えのある世界にとどまらず、課題を自分で見つけだし、学知や経験を活かして、推論力や読解力、想像力、創造力、応用力などを駆使し、みずから考え、工夫して、みずからの力で解決しようとする人のことである。

近世になると、右のような智解ある人が、可正や次郎兵衛など、庶民といってよい人々のなかから登場してくる。彼らは、庄屋や商人という身分的制約がありながらも、自分の立場を自覚して自己の課題を設定し、課題の解決のために奮闘したのであった。その意味で彼らは、智解ある人といってよい。現代では、多くの人が、智解ある人になりうる可能性を持っている。身分の制約がなく、ある程度の学力は身につけているはずなので、自分の努力次第で、考え、工夫できる下地は整っていると思われるのである。

AIの限界

最後に、最近話題になっているAI（人工知能）と智解が、どのような関係にあるかを考えてみよう。

国立情報学研究所教授の新井紀子は、AIプロジェクト「ロボットは東大に入れるか」の研究を終え、AIの可能性と限界について、二〇一六年十一月九日の『朝日新聞』の記事のなかで、次のように語っている。

どのAIも、基本的に言葉のパターンを見て、統計的に妥当そうな答えを返しているにすぎません。言葉の意味を理解しているわけではないのです。

と述べ、さらに、

効率良い暗記より、意味を深く理解でき、推論できる教育こそが、AI時代の学校や家庭で必要です。自らの実体験に基づいて想像力を働かせ、未知の世界をより深くイメージできる力です。（中略）この実体験に基づいた論理的な推論力がないと、AIを超えることはできません。

新井はまた、同二十五日の「教育欄」への寄稿で、次のように語っている。

私は数学者だから、こういうときには原理から考える。コンピューターは徹頭徹尾、数学でできている。AIに使えるのは、論理と確率と統計だけだ。論理と確率はわかる。いくら考えても、統計にどれだけの威力があるのか、はっきりしなかった。(中略)AIには弱点がある。それは彼らが「まるで意味がわかっていない」ということだ。数学の問題を解いても、雑談につきあってくれても、珍しい白血病を言い当てても、意味はわかっていない。逆に言えば、意味を理解しなくてもできる仕事は遠からずAIに奪われる。私は次のように講演を締めくくる。「みなさんは、どうか、『意味』を理解する人になってください。それが『ロボットは東大に入れるか』を通じてわかった、AIによって不幸にならない唯一の道だから」。

右と同様な見解は、十一月以降の新聞記事(朝日)からも見出せる。

AI「東ロボくん」プロジェクトに参加した高宮敏郎は二〇一七年一月十七日の記事で、「プロジェクトを通じて、AIに足りないのは『読解力』だとはっきりした」と述べ、さらに、同三月二十八日の記事でも、「人間の主体性や想像力を伸ばす教育が必要だと思います」と述べている。

将棋の羽生善治《はぶよしはる》は、同五月十六日の記事のなかで、次のように語っている。

ＡＩがはじき出す膨大な情報のなかから意味あるものを見つけ出す「価値判断」は、今後も人間の仕事でしょう。あるいはＡＩに何を考えさせるかという「問いを立てる」ことは、おそらく将来も人間にしかできないはずです。

福岡伸一は、生命としての人の立場から、二〇一六年十二月二十二日の記事で、

人間の知能は、ビッグデータから最適解を選んだり、フローチャートを進んだりするアルゴリズムなんかじゃない。もっと同時・散発的で、不合理なジャンプや結合によってなされる。あんまり生命をなめてかからないほうがいいよ。

と語り、千葉大学の神里達博《かみさとたつひろ》は、社会との関わりで、

明確なルールが定まっているゲームプログラムは原理的にすべて記述可能だが、人間社会はそれよりはるかに複雑。社会的にＡＩが人間を凌駕するというのは基本的に「ＳＦの世界」。

だと語っている。以上はいずれもＡＩの限界について述べた見解である。探せばもっと多くあるだろうが、この辺りでやめておこう。

AIと智解

最近は囲碁や将棋の世界で、AIが世界チャンピオンに勝ったということが話題になっている。しかし、囲碁や将棋はゲームと同じで、一定のルールがあり、過去の膨大なデータが蓄積された世界である。しかもゲームなので、勝ち負けにいたる過程は何億、何百億通りもあるのかもしれないが、結局は勝つか負けるか、いわば○×の単純な世界なのである。つまり、最終的な答えのある世界だといってよい。囲碁や将棋は、AIが最も得意な一定のルールがあり、膨大なデータが蓄積され、しかも勝利という明確な目標が設定されたゲームなのである。こうした世界で人がAIに後れを取るのは、すでに以前から予測されたことで、特に驚くべきことではないだろう。

AIが本当に人より勝るためには、先に取りあげた人々が語っているように、目標のない、つまり課題や答えの与えられていない世界にどう対応するかであろう。AIが自己の課題を問題にできない段階のままであれば、人類を超えることはおそらくないだろう。だが、仮にAIが自己の課題を問題にするような段階になれば（それがどういうことなのかは全く想像もできないが、たとえば、AIが自己の管理下で別のAIを作成できるような時などであろうか）、SF的にいえば、早晩AIは、人類の抹殺を自己の課題におくと思われる。AIが自己の課題を自覚したとき、つまりＡＩが自立したとき、人類は邪魔な存在にすぎなくなるからである。

すでに述べたように、智解ある人とは、みずから考え、工夫して、さまざまな課題を発見し、同時にその解決をはかるために、自己の体験や学知を総動員して、さらに考えや工夫をくり返していける人のことであった。だから、ＡＩが本当に自己の課題を問題化できる段階とは、智解あるＡＩが人類にとって代わるような世界のことなのである。それがＳＦ的な世界であることを期待しておこう。

あとがき

本書は、私のライフワークの一つの集大成である。本書が生まれるまでの事情を、これまでを振り返りながら書いていこう。

私の最初の著書は、一九九一年に刊行された『思想史における近世』（思文閣出版、京都大学文学部からこの論文で博士号を授与）である。この本の「あとがき」に次のような文章を書いている。

今、私自身の研究のあとを振り返ってみると、次の二つの問題がつねに私の念頭のどこかにあったように思う。一つは、個人と社会の問題であり、もう一つは、普通の人間にとっての生の意味である。小さい頃から、夏になれば虫網をもって朝から晩まで駆けまわり、トンボを追いかけていた私は、もうこの頃から〝社会〟になんとなく違和感をもっていたようである。成長して大学にはいった当初、私は、歴史関係の書物などはほとんど読まず、哲学や文学などの書物ばかり読んでいた。しかし、そうした書物は、この頃から普通の人間の生にどんな意味があるかを真剣に考えるようになっていた私に、必ずしも満足のいく解答を与えてくれなかった。

私にとっての一つの大きな転機は、七〇年前後の大学闘争であった。（中略）その渦中にあったことで、それまで否定的にしかみられなかった〝社会〟を、ある程度つき離しながらではあるが、肯定的に捉えられるようになった。それとともに、自分自身の課題を何とか歴史的に考えてみることはできないかと思うようになっていった。本阿弥光悦を中心にしながら、「歴史における個人の役割」のテーマで卒業論文を書いたことにそれは端的に示されている。だが、当時ようやく脚光をあびるようになった民衆思想史にも、その意義は認めながらなかなか馴染むことができず、方法論はいうまでもなく具体的な研究のあり方すら茫漠としたまま、その後長く彷徨の時期をすごすことになった。

右の著書は、一九八〇年に活字になった最初の論文「那波活所の思想」（『日本史研究』二一〇）から、およそ一〇年後に刊行された。研究の方向が定まらないまま無為にすごしていたある時、那波活所という、近世初頭の儒者が残した読書ノートに出会った。彼に関する研究は少なく、ほとんど無名の人物であったが、書かれている内容は実に興味深いものであった。だが、読書ノートという性格から、断片的な言葉が並んでいるだけで、まとまった思想として表白されているわけではなかった。そこで、彼の思想を体系的なものとして再構成するため、数年の間四苦八苦しながら取り組み、なんとかある程度納得がいく全体像にまとめることができた。こうして、活所の思想を軸に近世前期の思想状況を私なりに描いた著書を刊行することができた。だが、「あとがき」にあるような自分の課題にはまだほど遠く、ようやく橋頭堡ができたにすぎなかった。

最初の著書刊行からおよそ一〇年たった二〇〇〇年に、『江戸武士の日常生活』（講談社）を出版した。その「あとがき」では次のように書いている。

私は学生時代から、〝人がある時代のなかで精一杯生きるとはどういうことなのか〟、これを一つの主要なテーマとして研究を進めてきた。

しかし、このテーマは、頭のなかで抽象的・観念的には考えられても、なかなか具体的な作業として進めることは難しかった。とくに歴史的に考えていこうとすると、史料の壁につき当たらねばならなかった。そうした条件のなかで、近世の武士にかんしては、史料が比較的豊富なことから、とりあえず、武士を素材に右のテーマに迫ってみようとして生まれたのが本書である。

この本でなんとか一般武士を素材にしてではあるが、ふつうの人の生を考えてみることができた。だが、まだ本当の意味でのふつうの人を取りあげることはできなかった。その後、市町村史の編集などに関係し、民衆的世界との関わりを深めることができ、『日本幼児史』（二〇一二年）や『江戸のパスポート』（二〇一六年、ともに吉川弘文館）といった本を出版するなかで、本来の課題に挑戦してみようと考えるようになった。こうして生まれたのが本書である。

本書の主な論点は、大名から庶民までの思想を、同じ土俵で取りあげ考察することである。〝人を救うのは人だけだ〟という、今日では当たり前な意識がいつ頃成立したのか、中人や常人といわれるふつうの人々は、どんな思想を獲得したのか、といったテーマ設定から、近世には、みずから考え、工夫して行動することで、自己の課題を解決していけるのだという考え方が一般化し、現代に通じる「考える文化」が成立したことを明らかにした。

本書によって、私が永年取り組んできた課題に、今ようやく少しだけ近づけたように思う。肩の荷が少し軽くなったような気分である。

最後に、吉川弘文館の編集部には原稿を丁寧に読んでもらい、多くの貴重なアドバイスをいただいた。ここに感謝の意を記します。

二〇一八年一月

著者

著者略歴

一九四七年、愛知県に生まれる

一九八一年、京都大学大学院博士課程国史学専攻単位取得満期退学

元京都女子大学教授、京都大学博士（文学）

〔主要著書〕

『思想史における近世』（思文閣出版、一九九一年）、『江戸武士の日常生活』（講談社、二〇〇〇年）、『日本幼児史』（吉川弘文館、二〇一三年）、『江戸のパスポート』（吉川弘文館、二〇一六年）

考える江戸の人々

自立する生き方をさぐる

二〇一八年（平成三十）四月十日　第一刷発行

著　者　柴《しば》田《た》　純《じゅん》

発行者　吉　川　道　郎

発行所　株式会社　吉川弘文館

郵便番号一一三―〇〇三三

東京都文京区本郷七丁目二番八号

電話〇三―三八一三―九一五一〈代表〉

振替口座〇〇一〇〇―五―二四四番

http://www.yoshikawa-k.co.jp/

印刷＝株式会社 理想社

製本＝ナショナル製本協同組合

装幀＝清水良洋・柴崎精治

ISBN978-4-642-08332-4

柴田　純著

日本幼児史

子どもへのまなざし

二二〇〇円　四六判・二〇八頁

古来、子どもは大人優先の社会で無頓着に扱われ、疎外される存在だったが、江戸時代の半ばから、「子宝」として大切に保護された。幼児への認識はなぜ大きく変化したのか。その社会的・思想的背景を探る。また、民俗学の通説「七歳までは神のうち」は、近代の俗説にすぎず、伝統的心性とは無縁なことを実証。これまでの幼児・子ども観を見直す。

江戸のパスポート

旅の不安はどう解消されたか

一八〇〇円　（歴史文化ライブラリー）　四六判・二八〇頁

街道の整備や旅籠の充実などにより、庶民の旅が盛行した江戸時代。旅人は、身許証明であると同時に、病気や不慮の事故の際に保護を求める文言が記された「往来手形」を携えていた。追放・勘当による無宿者など、手形の恩恵を受けられない人々の問題にも触れつつ、この旅行難民救済のシステム＝パスポート体制からみえる江戸時代の光と影に迫る。